Путешествия Адама

Том 3

От Италии до Германии

2019

ПУТЕШЕСТВИЯ АДАМА
ТОМ 3
ОТ ИТАЛИИ ДО ГЕРМАНИИ

Редактор: Анн Пелан
Корректор: Кити Клан
Компьютерный дизайн: Владимир Белинкер
Printed by: Newcomers Authors Publishing Group
ISBN-13: 978-1732823235

Copyright © 2018 Shimon Garber

Часть первая

Итальянские каникулы

Глава 1. Решение

Наступило лето — время отпусков. В Израиле три моря, но местные жители, побывав на каждом и не по одному разу, стремились к свежим впечатлениям. Адам разделял эту жажду новизны. Он хотел увидеть незнакомые места и города, хотел новых приключений. Но как ни велик земной шар, выбор ограничен.

Азия и Африка его никогда не привлекали: жарко, опасно и — лично для него! — не интересно. Америка далеко — лететь долго и дорого. Во многих странах Европы отдыхать стало небезопасно. Хотя… Может, махнуть на Сардинию? Говорят, там красиво. Плюс великолепные морепродукты. Для Адама, их верного поклонника и ценителя, это имело решающее значение. Последние годы он жил в Израиле и был лишен даров моря — «спасибо» строгим религиозным законам «кашрута», которые регулируют правила изготовления еды. Согласно этим законам, евреям запрещено есть любую водоплавающую живность, если у нее нет чешуи. Поэтому Адам, всегда живший без диктата религиозных догм, возмущался этой несправедливостью. Ну как так? Израиль расположен вдоль Средиземного моря и выходит к Красному морю, но не имеет морской кухни! Адам мечтал восполнить этот гастрономический пробел.

В интернете хватало сведений о Сардинии. Но как выяснилось, особенным изобилием морепродуктов — свежих и доступных — блистала Эльба.

Все знания Адама об этом острове ограничивались обрывками из школьного курса истории. Европейские монархи сослали туда Наполеона, который затем сбежал, опять сражался и получил свое Ватерлоо. Его снова поймали и отправили на остров Святой Елены, где он благополучно и помёр. Вроде всё. А вот что представляет собой Эльба в настоящем, как туда попасть и где там жить — это еще надо выяснить.

Википедия рассказала, что этот небольшой островок кому только ни принадлежал. Грекам и римлянам. Варварам и сарацинам. Испании и Франции. В XI веке владельцем острова стал город Пиза, затем — семья Висконти из Милана, а позже — династия Медичи. В конце концов контроль над Эльбой перешел к герцогству Тосканскому, и остров стал частью Италии.

Судя по всему, райских мест для отдыха там хватало. Адам выбрал небольшой рыбацкий поселок под названием Марчиано Марина, который, если верить интернету, славился винами и морепродуктами. Что еще нужно такому путешественнику, как он? Конечно, уютный дом на побережье.

Ему приглянулось жилье с кухонькой, на которой можно самому готовить. Правда, в квартирке не было интернета, а постельное белье предлагалось за отдельную плату. Диковато. Конечно, без всемирной паутины он проживет неделю. Все равно собирался отдыхать, ставить кулинарные эксперименты с морскими гадами, а вечерами работать над книгой. Писательству только на пользу отсутствие интернета. Но за деньги, которые домовладельцы дерут за аренду, могли бы потрудиться менять постельное белье. Ладно, это тоже можно пережить.

Следующая задача — составить маршрут. Адам быстро понял, что все дороги ведут в Рим, и только оттуда можно добраться до Эльбы. В Риме он сядет на поезд до станции Пьомбино, а оттуда ходит паром до Портоферрайо — главного города острова. А вот в деревушку Марчиано Марина придется ехать на автобусе. Выяснилось, что народ в основном приплывает на Эльбу вместе со своими автомобилями — паромное сообщение в сети очень хвалили. Но Адам не хотел связываться с машиной, пусть и арендованной.

Он заказал авиабилеты до Рима и обратно. Заранее забронировал место на пароме, поскольку в путеводителе говорилось, что в самом Пьомбино касса работает кое-как. Увы, с железной дорогой дело обстояло сложнее: через интернет билеты не продавались. Ну ладно, с этим он разберется по ходу пьесы. Главное, что у него будет неделя на Эльбе, а потом еще пять дней в столице Италии. Побывать в Вечном городе и не побродить по нему казалось Адаму настоящим преступлением, поэтому он решил задержаться там на обратном пути. Гостиница в центре Рима нашлась легко, благо выбор огромный и цены прекрасные.

Постепенно все кусочки мозаики складывались в стройную картину, и Адам с нетерпением ждал предстоящее приключение.

Глава 2. Начало пути

Как театр начинается с вешалки, так путешествие начинается со сбора вещей. Адам хотел привезти из Италии различные деликатесы, подарки родственникам и друзьям, а также кое-какие замороженные морепродукты, чтобы смаковать их и вспоминать о своей поездке. Поэтому решил взять с собой внушительный чемодан, несмотря на то, что это чудо техники было с характером. К его хорошим качествам относились добротность и вместительность, к плохим — норов и упрямство складной ручки. Она время от времени заедала и отказывалась убираться внутрь. Впрочем, Адам был готов к борьбе со своенравным боевым «товарищем»: он прихватил с дорогу отвертку и купленный на Корсике нож. В салон самолета с такой экипировкой его, конечно, не пустят — он сдаст все в багаж. Так что, если чемодан заупрямится на чужбине, эти средства усмирения строптивого должны сработать.

Но Адам ошибся: чемодан не стал ждать до «чужбины» и принялся чудить, едва оказался за порогом дома. Ручка заартачилась при первой же попытке сложить ее. Чемодан демонстративно встал в позу. И Адаму пришлось в этой позе и транспортировать его до поезда, который должен был отвезти их обоих на аэровокзал. Уже в вагоне Адам, костеря упрямца, достал отвертку, корсиканский нож и кое-как запихнул стальную ручку в чемоданное нутро.

В аэропорту царило столпотворение. Похоже, что полстраны сговорилось и решило лететь куда-то первого сентября именно в три часа ночи. Человек триста, если не пятьсот, желали зарегистрироваться на рейс и сдать багаж. Всех обслуживала одна-единственная компания «Эль-Аль». Адам стоял в очередь, волновался и посматривал на часы. Очевидно, придется обойтись без чашки капучино в кафетерии (а он так рассчитывал на кофе в это время суток!). Про дьюти-фри вообще можно забыть.

Когда терпение было уже на исходе, а нервы на пределе, очередь стала двигаться быстрее. И часа через полтора Адам понял, что все-таки улетит сегодня.

Он благополучно миновал металлодетектор, досмотр и паспортный контроль. В итоге у него даже осталось немного времени в запасе, и он отправился в дьюти-фри, а там — прямиком к стойке компании «Эппл».

— Чем могу вам помочь?
— Мне нужен телефон «Эс-И» и «Айпэд Про».
— Без проблем, есть и то, и другое. Айпэд с какой памятью желаете?
— Получше, чем моя.
— Питер! — продавец окликнул коллегу. — Твой клиент!

После захода в дьюти-фри рюкзак Адама потяжелел и теперь приятно оттягивал плечо. От покупки телефона он отказался — ему попытались всучить самую дорогую и пафосную модель за беспредельные деньги. А вот планшет весьма порадовал и ценой, и своими возможностями. Новоиспеченный хозяин айпэда пошел к выходу на посадку.

Вместе с другими пассажирами он погрузился в автобус, и их отвезли к самолету. Тот был небольшим и со странной низкой посадкой, но оказался очень комфортабельным. В бизнес-классе сидел мужчина с покрытой головой — по всем признакам, ортодоксальный верующий — и молился своему Богу. Адам окинул взглядом шикарную обстановку, кожаные уютные кресла, фри-бар и ему тоже захотелось помолиться: может, за это Господь разрешит лететь не эконом-классом, как простые смертные, а в VIP-зоне, как этот глубоко религиозный человек?

Наконец, самолет взмыл в небо, и Адам улыбнулся: Италия, я лечу к тебе!

Глава 3. Дорога на Эльбу

Самолет летел над морем. Адам смотрел в иллюминатор на бескрайнюю водную гладь с вкраплениями островов. Маленькие и необитаемые чередовались с теми, что побольше. На некоторых можно было различить домики, ютившиеся у береговой линии. Похоже, лайнер уже летел вдоль «сапожка» Апеннинского полуострова. Стюардессы разносили еду — однотипные коробочки с не особо вкусным завтраком. А вскоре самолет зашел на посадку и приземлился в Риме.

Несмотря на обилие пассажиров очередь на паспортный контроль двигалась быстро. В Израиле промариновали бы час, не меньше! Получение багажа тоже прошло без проблем. Адам, заприметив на крутящемся транспортере свой чемодан, помеченный красной ленточкой, поднатужился и вытащил его с «карусели». Потянул ручку наверх — та не отреагировала. Адам снова дернул ее. Безрезультатно. Провозившись с ней минут пять, он плюнул на попытки доказать, кто тут хозяин.

— Ну погоди, гад! Еще пожалеешь о своем поведении, когда выброшу тебя на помойку! — пообещал

Адам и покатил громоздкого, неуклюжего бунтаря к железнодорожным кассам, где предстояло купить билет на аэроэкспресс до Рима.

— Добрый день, синьорина! Вы говорите по-английски?

— Конечно, сэр, — ответила миловидная кассирша.

— Какое счастье! А то, знаете, во Франции все утверждают, что говорят, но дальше «йес, ай спик» никто ни слова английского не знает!

— Так куда вы направляетесь, сэр?

— В Пьомбино, и там надо успеть на паром. Но как я понял, чтобы попасть в Пьомбино, надо сперва доехать до Термине, центрального вокзала Рима?

— Нет, не обязательно. Выгоднее и быстрее будет прямо отсюда, с двумя пересадками — в Остезезе и Компилье. Вот, пожалуйста, ваши билеты и карта маршрута с расписанием поездов. С вас двадцать четыре с половиной евро.

— Ого, так дешево! А ведь мне, видимо, полстраны пересечь придется?

Кассирша улыбнулась в ответ на шутку Адама.

— Ваш поезд на третьей платформе. Поторопитесь, скоро отправление.

Адам поблагодарил и поспешил на перрон, волоча за собой треклятый чемодан.

Нужный поезд он увидел сразу, но возникла непредвиденная преграда: турникеты. Люди прикладывали билеты к считывающему устройству и без проблем проходили на посадку. Все, но не Адам. Он делал все в точности, как остальные, но турникет не замечал его существования. Он бросился к другому — история повторилась. Возле третьего турникета он в отчаянии стал прикладывать по очереди все билеты, которые у него были. Ну что за день! Сначала чемодан, теперь турникеты! Натурально, заговор вещей против человека!

Наконец кто-то из пассажиров-итальянцев сжалился и помог совладать с турникетом. Едва Адам, вспотевший и запыхавшийся, забрался в вагон, как поезд тронулся.

Народу набилось предостаточно, и лишь ближе к Остезезе толпа поредела. Первая пересадка прошла успешно, а к станции Компилья Адам ехал почти в одиночестве. Впереди была три часа пути, и он решил наконец разобраться с чемоданом. Кажется, сломалась пластмассовая кнопка. Вытащить бы эту ручку! Тогда можно будет замотать ее скотчем и перетерпеть до первого магазина, где продают чемоданы.

Адам достал складной нож и отвертку со сменными насадками. После десяти минут борьбы ему стало понятно, что тупое бракованное изделие вознамерилось взять верх над человеческим разумом. Ручку смастерили из особо прочного материала — его впору было использовать в оборонной промышленности. Сталь не поддавалась попыткам разрезать или хотя бы проткнуть ее корсиканским, очень острым ножом. Адам ударил им со всей силы и с размаху. Хоть бы что! Остались только слабые, неглубокие следы как от уколов.

Кроме того, поражала глубина инженерной мысли изготовителя: ручка крепилась двумя шурупами, но не с наружной стороны — так, чтобы легко выкрутить их в случае надобности, — а изнутри. И добраться до винтиков было совершенно невозможно, пока ручка утоплена в чемодан. От злости и бессилия Адам ковырнул острием пластиковую кнопку, и та со щелчком отскочила под потолок. Невероятно! Адам осторожно нажал на обнажившуюся пружину — вдруг сработает?! — и потянул ручку наверх. Она, не сопротивляясь, вылезла и замерла в нужном положении. Это была победа.

Адам решил оставить чемодан в таком состоянии до приезда на место и на всякий случай положил нож и отвертку в рюкзак. Мало ли что еще выкинет это порождение ехидны.

За окном мелькал однообразный, унылый пейзаж, больше напоминавший российскую провинцию, а не итальянскую. Поля, поля, поля... Иногда чем-то засеянные, но чаще — просто свежевспаханная земля. От путешествия по Италии Адам ожидал других видов: виноградники, оливковые и мандариновые рощи, но ничего подобного не встречалась. От скуки и усталости он не заметил, как закемарил. А когда проснулся, то испугался, что пропустил свою остановку. В вагоне никого. Ни спросить, ни уточнить, ни посоветоваться. А поезд, хоть и комфортный, но имел в серьезный недостаток — полное отсутствие световых табло, никаких тебе бегущих строк с информацией по-английски. Все остановки объявлялись по старинке, голосом, к тому же неразборчиво и по-итальянски.

Адам поозирался и уж было решил идти искать живых людей, как вдруг в вагон вбежала девица, а следом за ней — мужчина в униформе контролера. Адам бросился к нему.

— Скузи, сеньор! Уно моменто! Мне нужна станция Компилья! Сеньор!.. Сеньор?!

Тот даже не остановился. Лишь на бегу сложил пальцы щепоткой, поднял вверх и громко воскликнул:

— Ашпетто, ашпетто! Уно моменто!

Тандем «Адам и чемодан» явно проигрывал в скорости паре «контролер и девушка». Ничего не оставалось, как расстроено сесть обратно. Да, в чем-то итальянцы похожи на израильтян. Только у тех «подожди!» звучит как «рега!», а не «ашпетто!»

Через пару минут девица продефилировала назад, попивая воду из бутылки. Вслед за ней появился мужчина в униформе. Он сел напротив Адама и стал жарко, возбужденно что-то рассказывать. Он постоянно повторял «ragazza», что по-итальянски означает «девушка», вставлял английское «cold water» и строил такие гримасы, что становилось ясно: он только что спас женщину от обезвоживания, которое грозило ей смертью, не меньше. Однако у Адама была своя проблема, которая ему казалось важнее, чем флирт пассажирки и работника железной дороги. Он задал мучивший его вопрос на смеси английского и итальянского и показал контролеру билет с названием станции пересадки. Тот глянул и радостно затарахтел:

— Ай дон'т спик инглиш, сеньор! Аллора! Ио капито! Секонда, капишь? Уно, дуе! Се-кон-да!

— Капито! Грациа, сеньор! — закивал Адам, который «капил» по-итальянски гораздо хуже, чем «андестендил» по-английски и понимал по-русски. Но все-таки смог уразуметь, что выходить ему нужно через две остановки.

Железнодорожный кавалер побежал догонять девицу, а Адам благополучно вышел на станции Компилья.

Местечко было маленькое и глухое. Надпись на табло сообщала, что ожидается прибытие поезда до Пьомбино. На платформе стояли три-четыре человека, и порой до Адама, словно в подтверждение, доносились обрывки их разговора и вожделенное «Пьомбино! Пьомбино!»

Подошли три женщины. Похоже, мать и две дочери. Адаму показалось, что они, общаясь между собой, время от времени вставляли русские слова. Возможно, потомки русских эмигрантов? Хотя старшая женщина выглядела как типичная итальянка. Впрочем, главное, они тоже обсуждали Пьомбино. Это название в их беседе мелькало чаще всего, и Адам решил держаться поближе к ним.

Вскоре прибыл поезд, и небольшая группа пассажиров заняла места. Адам полагал, что выходить надо на второй остановке. Однако когда они прибыли туда, никто не двинулся с места, в том числе и женщины. Адам поерзал и спросил у итальянской матроны:

— Аллора, синьора? Пьомбино?

— Си, сеньор! Эспера порто!

Ага, кажется, ясно: выходить на следующей станции, порт там.

Еще несколько минут он нервничал: правильно ли понял? Не уйдет ли паром на Эльбу без него? Ну почему никто не понимает по-английски! Это же Европа, цивилизация! И никого англоговорящего...

Когда поезд остановился, все пассажиры высыпали наружу. Адам покатил чемодан за ними. Народ дружно шагал в одном направлении, и Адам не отставал, хотя все еще не был уверен, там ли он сошел, где нужно. Вместе с толпой он вышел на пирс, у которого стоял огромный паром с открытой широченный пастью. Рядом пришвартовался еще один — такой же. Адам наобум выбрал первый и предъявил распечатанный на принтере билет парню в морской форме. Тот вытаращил глаза от удивления и вертел бумажку так и сяк, словно впервые видел такую диковинку. Он явно не понимал, что делать в этой ситуации, и стал названивать кому-то по мобильному. Адам почти уверовал, что ошибся паромной линией или опять что-то напутал, когда морской волк вдруг дал добро на посадку.

— Поспешите, мы уже отходим!

Адама не нужно было приглашать дважды. Он направился к трапу, по которому спокойно мог проехать восемнадцатиколесный трейлер. Едва он припарковал чемодан в багажном отделении под лестницей и поднялся на палубу, как паром закрыл огромный зев, и прозвучала команда отдать швартовы.

На пароме было три палубы: одна для автомобилей, две для людей. Повсюду стояли кресла как в самолетах. Адам прогулялся, осваиваясь, и подошел к небольшому бару, где продавали сэндвичи, булочки, пиццу и кофе. Напротив бара, с другой стороны палубы, за конторкой с кассовым аппаратом сидел пожилой человек, рядом с которым также стояла табличка «кофе». Адам уж и не помнил, когда ел и пил в последний раз. Всю длинную дорогу он держался на одной-единственной чашке капучино, выпитой в аэропорту перед вылетом в Рим. Поэтому направился к старичку и попросил один кофе. Тот переспросил:

— Кофе?

— Да-да, кофе.

Мужичок пробил чек и протянул его Адаму.

— И чего теперь?

— Идите в бар, напротив.

Адам в недоумении пересек палубу и отдал чек бармену. Тот дотошно изучил бумажный квиток и тоже спросил:

— Вам кофе?

— Да!

Адам начинал терять терпение. Можно подумать, ассортимент крохотного бара насчитывал десятки блюд и напитков с той же стоимостью, что и кофе!

Бармен отвернулся к кофе-машине, поколдовал над ней и поставил перед Адамом малюсенькую чашку, на донышке которого плескалась кофейная жижа.

— Это что? Ристретто или эспрессо?

— Это просто кофе. Вы же заказали.

— Уважаемый, — вздохнул Адам, — дайте-ка мне нормальный капучино.

В конце концов он был вознагражден чашкой вкусного, превосходного капучино, который оказался настолько хорош, что Адам тут же отправился к кассе и заказал еще одну порцию. Повторив процедуру с пробежкой между кассой и баром, он взял вторую чашку и решил проверить почту. Табличка «Wi-Fi free» обещала бесплатный интернет на этом ковчеге.

Едва Адам открыл ноутбук, как из него «посыпались» непрочитанные письма. Два оказались действительно важными. В первом турагент сообщала об изменении расписания у одного из перевозчиков, а второе послание было от издательства, которому Адам отдал на редактуру свою книгу. Они прислали исправленную рукопись, и Адам с нетерпением открыл полученный файл.

Сказать, что там было много ошибок — ничего не сказать. Чем дольше он просматривал «исправления», тем больше вытягивалось его лицо, а руки сами собой тянулись к клавиатуре, чтобы выкорчевать нагромождения словес и ошибки «профессионалов». Он настрочил гневный ответ издательскому редактору и отправил еще одно письмо — очень вежливое — уже другому знакомому редактору, с просьбой посмотреть рукопись. Второе письмо улетело сразу, а вот первое не хотело отправляться. Вероятно, политкорректный компьютер считал невозможным отослать столь ругательное послание уважаемому издательскому дому.

Пока Адам занимался почтой, паром причалил в Портоферрайо, а значит, бо́льшая часть пути осталась позади. Дело за малым: зарегистрироваться в офисе туристической фирмы, которая забронировала ему апартаменты в Марчиано Марина. Адрес у него был, распечатанная карта маршрута, как добраться до места, — тоже. Если верить карте, то от морского вокзала до офиса турфирмы было пять минут пешком. Все казалось простым и понятным. В действительности, конечно же, не обошлось без приключений.

Портоферрайо — типичный город-порт, и немаленький. Длинная набережная, молодежь на роликах, скейтбордах и скутерах, велосипедисты, транспорт. Множество магазинов, сувенирных лавок, баров и клубов. Бесчисленные ресторанчики и кафе с летними террасами, а за столиками — пестрые туристы и колоритные местные. Все, как один, довольные и отдыхающие. Вот оно, «дольче фар ньентэ» — сладкое ничегонеделание в исконно итальянской сути.

Адам с неуклюжим чемоданом и озабоченным видом не вписывался в расслабленную атмосферу курорта. Он попробовал сориентироваться на местности, но быстро сообразил, что в физической реальности все оказалось не так гладко и просто, как на виртуальной карте. Пришлось терзать прохожих и продавцов в магазинчиках одним и тем же вопросом «Как пройти к Тесси Вияджи?» Ответы поразительно различались между собой: Адама отправляли буквально в противоположные стороны. Схожесть была лишь в одном — это не здесь.

— Тесси Вияджи? — почесал подбородок один из продавцов. — Это туда, дальше. Идите прямо, не сворачивайте, пока не увидите указатель. Он большой и подсвеченный, такой не пропустишь!

И правда, стесав ноги напрочь, Адам наконец увидел огромную вывеску на фонарном столбе — Тесси Вияджи. И ничего вокруг.

Что за чертовщина? Название улицы? Района? Или все-таки реклама офиса турфирмы? И если это фирма, то где указание, как к ней пройти?!

Адам заволок чемодан в парфюмерную лавку, оказавшуюся поблизости от столба с вывеской, и с несчастным видом протянул бумажку с адресом продавщице, прося помощи на смеси английского и итальянского. Та сердобольно оглядела страдальца и махнула рукой в сторону, откуда Адам пришел:

— Сеньор, Вияджи калата Италия, нумеро 17! Капито?

— Капито… Грациа…

Адам развернулся и побрел обратно. Силы были на исходе, терпение и подавно. Он столько времени угробил на поиски проклятого Тесси Вияджи, а оказалось, что это — рекламный щит турагентства! А ему, на самом деле, нужна Вияджи калата Италия — улица, на которой находится офис одноименной фирмы «Тесси Вияджи»! Вот подлый народишко, не могли предупредить, что у них этих Тесси Вияджи — как снега зимой в России?!

Смеркалось, оранжевый закат уходил за морской горизонт. Еще немного — и совсем стемнеет. А он один, голодный, вымотавшийся как собака, с тяжеленным чемоданом посреди незнакомого провинциального города, где никто не говорит по-английски. И ведь впереди еще дорога! Каким-то волшебным образом ему нужно попасть в конечный пункт — Марчиано Марина!

Дом номер семнадцать оказался пятиэтажным зданием с длинным списком названий фирм, приколоченным к наглухо запертой входной двери. На одной табличке красивой вязью было выведено «Тесси Вияджи». Адам нажал на звонок и прошептал:

— Ну, Сезам, откройся…

Зажужжал домофон, раздался щелчок и дверь поддалась. В вестибюле был лифт, еще три закрытые двери и ни одного опознавательного знака фирмы «Тесси

Вияджи». Ну не вредители ли?! Могли сказать, на каком этаже находятся?

Адам решил начать поиски с пятого — так проще спускаться с чемоданом. На каждом этаже он тыкал во все дверные звонки — безрезультатно. Дом словно вымер. Конечно же, по закону подлости ему открыли, лишь когда он позвонил в самую последнюю дверь на первом этаже. Молодая итальянка удивленно посмотрела на него, и Адам по ее взгляду понял — его не ждали.

— Тесси Вияджи? — обреченно спросил он.

И вдруг — о, счастье! — девушка кивнула, пропустила его внутрь и указала вглубь помещения. Он прошел в соседнюю комнату и увидел трех человек и обстановку, которая без сомнения указывала на офис турагентства.

— Слава богу! — вырвалось у Адама по-русски.

— А мы думали, вы уже не приедете, — лучезарно улыбнулся один из сотрудников. — Только вас и ждем. Что-то вы задержались.

Адам хотел было ответить, на языке вертелись колкие ремарки в адрес ребят из «Тесси Вияджи» и их умения грамотно все организовать. Но он сдержался. Все-таки ему еще предстоит добираться до Марчиано Марина. И не стоит портить отношения с единственными людьми, которые могут доставить его туда.

Когда документы были оформлены и Адаму выдали бумажку с адресом его жилья в Марчиано Марина, он спросил:

— Какой автобус туда ходит?

Сотрудники «Тесси Вияджи» озадаченно переглянулись.

— Вы разве не на машине, сеньор? Вообще-то люди приезжают на Эльбу со своим транспортом. Поэтому вопросов с передвижением никогда не возникало.

— Нет, я не стал арендовать автомобиль. Весь мой транспорт — это ноги, — Адам почувствовал, что гнев закипает с новой силой. Видимо, это отразилось на его лице, потому что ему тут же поспешили любезно ответить:

— От автобусной остановки вам придется снова идти пешком, а ведь уже темнеет, и вы дороги не знаете. Возьмите лучше такси. Их стоянка рядом, я покажу.

Таксист Адама оказался прытким и сноровистым. Он подхватил чемодан и, крякнув, погрузил в багажник. Нагло торчащая ручка едва влезла в него. Шофер неустанно болтал. То ли он думал, что его пассажир бегло говорит по-итальянски, то ли ему это было неважно, но тараторил он без умолку. Адам терпеливо ждал паузы, чтобы сообщить адрес, куда ехать. Однако не дождался и пришлось вклиниться в бесконечный словопоток:

— Марчиано Марина, капито?

— Си, ио капито! — подтвердил водитель и опять затарахтел о своем.

— Эй, дружище, а по-английски можешь? Я по-вашему не особо понимаю.

— Мой английский не есть хорошо, — посетовал шофер.

— Но лучше, чем мой итальянский. Нам далеко ехать? Сколько это будет стоить?

— Километров двадцать. Около пятидесяти евро.

— Да? А в офисе сказали, что тридцать.

— Неужели я тебя обманывать стану? — обиделся таксист. — Счетчик включен, сам увидишь!

Машина петляла по узкой трассе, проложенной высоко в горах. Ехать было откровенно страшно: сразу за жестяным ненадежным ограждением дороги начинался обрыв. Внизу мелькала извилистая кромка побережья и редкие домишки на ней.

— Ухнешься вниз, и всё… Живым до моря не долетишь, — заметил Адам.

— Верно говоришь. Но это единственная дорога, она огибает весь остров. Его, кстати, часов за шесть можно целиком по кругу объехать. Тут повсюду горы, так что по-другому никак.

— Горы у вас отличные! А как насчет пляжей? Я читал, что в Марчиано Марина они галечные, даже обувь специальную прихватил.

— Пляжей полно и самых разных. Песчаные — с желтым и черным песком, ну и галечные, конечно. Наплаваешься и назагораешься вволю!

— Да я больше по морепродуктам и свежей рыбе соскучился. В интернете пишут, что в Марчиано Марина отличный выбор и того, и другого. Все очень хвалят этот рыбацкий поселок. Говорят, идеальное место для фанатов морской кухни. Хочу найти местных рыбаков и покупать у них по утрам улов.

Таксист промолчал. И когда они приехали, Адам понял, почему.

Марчиано Марина совсем не напоминал рыбацкую деревушку. Это был полноценный приморский городок. Такси скользило по улицам, и шофер показывал местные «достопримечательности»: магазины, продуктовые лавки, кафе. Адам запомнил только один «экскурсионный объект» — супермаркет «Конад», который был уже закрыт. Он мысленно порадовался, что не поленился заскочить в один из магазинов в Портоферрайо и прикупил еды, подозревая, что поздним вечером, когда он доберется до Марчиано Марина, с этим могут возникнуть проблемы.

Машина остановилась у ресторана с вывеской «Антонио» и водитель сообщил:

— Ну вот и приехали!

— Погоди, это же ресторан. А мне нужна гостиница.

— Тут «два в одном» — и ресторан, и гостиница. С тебя сорок пять евро, как я и говорил, — таксист ткнул пальцем в счетчик и широко улыбнулся. — Добро пожаловать на Эльбу!

Глава 4. Марчиано Марина

Адама встречали две молоденькие официантки, повар и пожилой толстый администратор.

— Бона сэра, сеньор, бона сэра!

— И вам добрый вечер. Вы говорите по-английски?

— Сорри, сеньор. Ноу инглиш. Апартамента пронто!

Ну хорошо, хоть «апартамента» готова. Одна из официанток повела Адама на второй этаж. Он, чертыхаясь, тащил по лестнице чемодан, проклиная день, когда придумал себе эту поездку.

«Апартамента», к счастью, оказалась неплохой квартирой-студией, где было все самое необходимое, включая кухню, санузел и — сюрприз! — небольшой балкончик. Это стало первым приятным моментом во всем путешествии. А вторым были предусмотрительно купленные продукты. Адам, голодный как волк, приготовил себе нехитрый ужин, который состоял из ветчины «прошюто», нарезанной прозрачными ломтиками, сыра «пармезан реджиано» и хрустящего, свежего багета. Бутылка вина, оплетенная в солому, приглянулась ему в магазине и ценой, и названием: «Руфино Кьянти» за семь с половиной евро сделала ужин особенно вкусным.

В отличие от большинства путешественников, Адам не любил ходить по ресторанам. Пусть лучше скромный ужин, но сделанный по всем правилам. Он признавал только ту еду, которая приготовлена собственными руками. Готовка для него была и искусством, и творчеством, и наслаждением, а в свое время — еще и бизнесом, делом всей его жизни.

Заморив червячка, Адам решил, что все не так уж плохо. И по большому счету виной всему — дурацкий чемодан. Если бы не тяжесть этого гроба на колесах, который пришлось сутки таскать в руках, то все было бы гораздо проще и легче. Даже поиски офиса «Тесси Вияджи».

Что представляет собой Марчиано Марина, Адам решил выяснить с утра. Но спать еще не хотелось, а интернета не было. Он включил телевизор, который транслировал двести каналов — выбирай не хочу, и выяснил, что все две сотни вариантов предполагали только разговоры по-итальянски. Даже звезды мирового кино и американские ковбои говорили исключительно на местном диалекте. И что характерно, везде было только общение: ток-шоу, фильмы, сериалы, новости. Ни одного музыкального канала или что-то в духе «В мире животных».

На худой конец сражения бы какие показали или стихийные бедствия. Но нет, только итальянская болтовня, которая утомила в первые же десять минут.

Так, интернета нет, телевизора, считай, тоже. Значит, принять душ и спать! Это даже полезнее. Он заглянул в ванную и понял, что самое интересное только начинается. Душевая кабина была размером 80х80 см, а может, и меньше. То есть, взрослому человеку было суждено помыть лишь самые доступные места. Не говоря уж о том, что не стоило даже пытаться развернуться в этой мышеловке. Как влез в нее, так, будь добр, и мойся.

Вода лилась сверху из некоего подобия лейки, расположенной под потолком, а температура регулировалась с помощью ручки, присобаченной к стене на уровне поясницы. Как выяснилось, ручка тоже меняла температуру в зависимости от того, шел ли кипяток или ледяная вода. Поэтому, во-первых, «в процессе» к ней лучше было не прислоняться вообще, так как можно случайно изменить температуру и воды, и самой ручки. Во-вторых, играть в игру «горячо-холодно» следовало строго перед тем, как залезть в кабину. В-третьих, нужно было подождать, пока пройдет холодная и потечет горячая вода, и только потом настраивать нужный напор и температуру. Ну и в-четвертых, пока все это делаешь, приходилось следить, чтобы вода не выливалась и не брызгала за пределы кабины на пол комнаты.

В течение недели Адам дважды в день вступал в борьбу с этим дивным сантехническим сооружением и каждый раз с позором проигрывал. К концу отпуска он не сомневался, что эту моечную камеру пыток и его чемодан сконструировал один и тот же инженер-садист. Уж больно почерк похожий.

Утро для Адама начиналось обычно в шесть, с зарядки. И в отпуске он не собирался менять привычки. Балкончик, как оказалось, отлично подошел для физических упражнений. Позавтракав остатками вчерашнего ужина, Адам спустился вниз. Работники отеля-ресторана тепло приветствовали его и пояснили, как пройти к морю.

— Значит, иду прямо, никуда не сворачиваю и через 10 минут буду на пляже?

— Си, сеньор!

— Мучас грасиас! — Адам сам не знал, почему поблагодарил по-испански.

Мощеная дорога, и так не особо широкая, вскоре превратилась в совсем узкую. Она петляла меж сплошных каменных заборов высотой с человеческий рост, а иногда внезапно заканчивалась, повинуясь прихотливому желанию строителей, вздумавших возвести дом прямо на проезжей части. Мостовая послушно уступала неожиданному препятствию и обтекала дом справа или слева, точно ползучее растение огибало непреодолимую преграду. Интересно, власти как-то контролируют полет архитектурной мысли? Или это исторически сложилось — строить кто во что горазд? Адам удивлялся такому подходу, но вскоре привык, что неширокий тротуар мог совсем исчезнуть, упершись в причудливый особнячок, а затем, словно вынырнув позади него, продолжал как ни в чем не бывало виться в сторону моря.

Вскоре в просвете между домами сверкнула водная гладь. Адам посмотрел на часы: путь занял не десять минут, а все двадцать. Ну да ладно, хватит привередничать.

Набережная и галечный пляж Марчиано Марина, от которой Адам ожидал рыбацкого хлебосольства, разочаровали. Это было типично туристическое место. Народ бродил по кромке моря, иногда заходил чуть подальше — до ограничительной линии, помеченной буйками. Нормально поплавать здесь не светило, максимум — поплескаться по пояс. Очень странно. Это ведь не Мертвое море! Зачем устраивать такие препоны? Хорошо, что его цель — не купание и загорание, а свежие морепродукты.

Вдалеке виднелся пирс с пришвартованными яхтами, баркасами и лодками. Неспеша он двинулся в их сторону, разглядывая по дороге заведения, которые теснили друг друга вдоль всей набережной. Среди многообразия кафешек, магазинчиков и ресторанчиков взгляд зацепился за вывеску «Пиццерия и Спагеттерия». Не поспоришь, оригинально и красиво!

Адам миновал стойки с продажей билетов на морские прогулки и экскурсии, а также с предложениями взять напрокат моторную лодку и порыбачить самостоятельно. Галечный пляж сменился песчаным, но ситуация с буйками осталась прежней: курортникам разрешалось заходить в воду максимум по пояс.

Наконец он добрел до пирса и остановился перед одной из яхт. На палубе, вальяжно развалившись в шезлонге, сидел загорелый поджарый итальянец и болтал по мобильному. Рядом с ним смуглая умопомрачительная красавица в купальнике расчесывала длинные волосы. Это было не просто «дольче фар ньентэ», а бери выше — настоящая «дольче вита». Адам, делая вид, что его все это нисколько не интересует, украдкой сфотографировался на колоритном фоне. Пусть будет на память.

В сторонке от горделивых белых яхт находилась «парковка» для транспорта попроще. Адам заприметил швартующийся рыбацкий баркас и направился к нему. С баркаса, кряхтя, сошел старый и толстый итальянец в резиновых сапогах. А его молодой помощник стал передавать на берег проволочные ловушки для морской живности. Их было много, но все, увы, пустые.

— Скузи, синьор! Ду ю спик инглиш?

— Но инглиш! Луи палабра итальяно, си? Кесу чесу? Польпо? Муе поко! Пара мия фамилия. А капито?

Адам погрустнел. Если он все правильно понял, то морепродуктов ему сегодня не получить. Улов был скудный, польпо почти нет. «Польпо» — так местные называют осьминогов (и, кстати, почему-то томатную пасту тоже). В подтверждение толстяк-рыболов показал с десяток мелких осьминожков. Адам тут же захотел купить их. Но итальянец покачал головой: этого едва хватало на обед для его семьи.

— А как насчет завтра? Во сколько придете с моря?

Рыбак разразился долгой тирадой. Из всего сказанного Адам понял примерно половину: что в полдевятого утра баркасы возвращаются с рыбалки, но осенью дела идут хуже, чем летом. Вот в мае-июне рыбачилось отлично, по 30-40 килограмм польпо за раз вылавливали. А сейчас — не сезон. Двести ловушек, а добычи почти нет. Впрочем, если сеньору угодно, он может прийти завтра утром — вдруг с уловом повезет? Тогда сеньор сможет прикупить немного польпо.

На том они и распрощались, и Адаму ничего не оставалось, как самому отправиться на охоту за морепродуктами — в магазин, который накануне показывал таксист.

Магазин, как ни странно, нашелся быстро, и его ассортимент был неплохим. Адам уже смирился с тем, что Эльба оказалась совсем не такой, как он ожидал, потому был готов к новым испытаниям. Но супермаркет «Конад» приятно удивил изобилием и обслуживанием.

В отделе свежих овощей Адам заметил салат радиччио и обрадовался так, будто нашел сокровище. Впрочем, для него это и было сокровищем. В Израиле радиччио отсутствовал как класс. Приложив усилия, там можно было лишь найти рукколу да и то — если сильно повезет.

Следующей в тележку Адама перекочевала плетеная корзинка с порчини — белыми грибами — по смехотворной цене: восемнадцать евро за килограмм. Стоимость парного мяса и молочных продуктов изумила еще больше: все было дешевле, чем в Израиле, в три-четыре раза. О качестве и говорить не приходилось: тут все дышало свежестью, источало витамины и пользу. Дома же всегда приходилось делать поправку на кошерность, замороженность и консервированность. Мясо — синтетическое, безвкусное и безумно дорогое — поставляли в Израиль из Уругвая. Сыры, йогурты, сметана — все имело один и тот же привкус, так как делалось из молочного порошка с добавлением растительных масел. И конечно, все это не шло ни в какое сравнение с разнообразием продуктов на итальянских прилавках.

У Адама глаза разбежались от количества сортов сыра. Понимая, что не сможет съесть или хотя бы попробовать все, он взял только самые любимые виды сыра: горгонзолу с плесенью, моцареллу «ди баффоло» и творожный «рикотта чиз», пройти мимо которого не позволила ностальгия. Когда-то давно, живя в Нью-Йорке, Адам был влюблен в тамошнюю итальянскую кондитерскую, где делали божественный чизкейк именно из «рикотта чиз».

«Ну все, трех видов сыра более чем достаточно», — решил Адам. Но тут взгляд упал на пармезан «реджиано», который был не просто любимым, а наилюбимейшим его продуктом. Он добавлял его в салат, в пиццу, в пасту, в супы и даже ел вприкуску с чаем. Кажется, он мог бы питаться одним лишь пармезаном «реджиано», если понадобилось бы. В общем, и этот сыр оказался в тележке Адама. «Надо двигать к отделу морепродуктов, иначе так и заночевать можно перед сырным прилавком», — скомандовал себе он.

Морских гадов в «Конаде» продавали, но только двух видов: маринованные и замороженные. Адам немного расстроился, что в натуральном виде их не оказалось и тут, но быстро утешился. Во-первых, решено: за свежими морепродуктами он съездит в Портоферрайо. В том магазине, где он впопыхах купил себе вчерашний ужин, был огромный рыбный отдел, и он заприметил там богатый ассортимент любой морской живности. А во-вторых, маринованные кусочки щупалец осьминога, которые давали на пробу в «Конаде», покорили Адама пряным вкусом, ароматом и отменным качеством. Правда, цена тоже была отменная — тридцать два евро за килограмм. Поэтому Адам взял их немного, ровно столько, чтобы заесть ими осадок от неудачи на пирсе.

В довесок к этому он выбрал упаковку замороженного ассорти из морепродуктов — кольца кальмаров, ломтики польпо, мидии и креветки. Если сварить их в вине, с травками-приправками, то получится очень неплохо!

Последним пунктом программы стал отдел алкоголя. Бутылочку кьянти однозначно надо брать. И еще Адам взял на пробу местное вино. Если окажется так себе, то использует его для готовки.

Дома он разобрал покупки, пакет с морепродуктами замочил в воде, чтобы размораживались, и открыл бутылку местного вина. Оно оказалось не очень, но для готовки — в самый раз. И через пару часов Адам наконец-то прилично и вкусно поел в первый раз с момента приезда в Италию.

Глава 5. Портоферрайо

Утром он приготовил себе яйцо «бенедикт», сэндвич с моцареллой и ветчиной и сварил кофе. После такого сытного завтрака Адам чувствовал себя готовым к новым приключениям и к покорению Портоферрайо. Он спустился вниз и заготовленной фразой поприветствовал управляющего:

— Бонджорно, сеньор! Ио поссибеле ле Портоферрайо отобус?

Корявое «Могу я в Портоферрайо автобусом?» было понято. После пяти минут бурной жестикуляции и объяснений на всех возможных языках стало ясно, как пройти к остановке и на каком автобусе ехать.

— Супермаркет «Конад» — отобус стоп. Капишь?

— Ио капито! Грациа! — поблагодарил Адам и отправился знакомым маршрутом к магазину.

Но возле «Конада» он заметался, как собака потерявшая след. Где же остановка? Как узнать автобусное расписание? И кстати, нужный ему автобус ходит в двух направлениях! Как не промахнуться? Он зашел в кафе-бар рядом с супермаркетом.

— Капучино, пор фавор. Скузи, сеньорина... Отобус пара Портоферрайо? — Адам жалостливо посмотрел на девушку за стойкой.

— Биглетто? Уно? — улыбнулась она.

— Си, си! Уно биглетто!

Адам протянул ладонь с россыпью монеток. Барменша-кассирша набрала мелочью два евро и десять центов и взамен дала билетик со штрих-кодом. Едва Адам раскрыл рот, чтобы снова произнести кодовое слово «отобус», но уже с пантомимой на тему «где остановка?», как девушка махнула рукой, указывая куда-то за витрину.

— Тредичи метре, сеньор!

В тридцати метрах от кафе не оказалось никакой остановки. Лишь жилые дома за высокими оградами. Адам озирался, то ли ожидая, что из-за угла вывернет автобус, то ли рассчитывая, что из-под земли вырастет остановка. Но вместо этого из ворот дома выехал грузовик. Водитель посигналил Адаму, мол, посторонись, не закрывай дорогу. Он пропустил машину и вопросительно прокричал дежурную фразу дня:

— Отопус пара Портоферрайо?

Шофер улыбнулся и указал рукой на столб в метре поодаль. К нему был приклеен лист бумаги — таблица, испещренная значками и цифрами. Разобраться в этой китайской азбуке не было никакой возможности. Расписание транспорта на Эльбе больше походило на кодовые шифровки спецслужб. Ничего не оставалось, как терпеливо ждать.

И правда, минут через десять большой синий автобус остановился прямо возле столба с табличкой. Адам — единственный пассажир, пожелавший отправиться из Марчиано Марина в Портоферрайо — проштамповал билет в небольшом автомате, висящем возле водительской кабины, и в очередной раз удивился, зачем итальянцы так все усложняют.

Везде при заказе выдавали чеки, и полагалось предъявить их другому лицу, оказывающему ту или иную услугу. Что кофе на пароме, что билеты на автобус — повсюду работала такая схема. Адаму сперва это показалось лишним занудством, но потом он пришел к выводу, что так хозяева, видимо, стараются контролировать работников.

Автобус вилял по горной трассе, а Адам смотрел на раскинувшиеся внизу пляжи. Туристы вовсю плавали в море, без всяких буйков и ограничений. Несколько раз в голове промелькнула крамольная мысль, а не переехать ли сюда? И зачем он связался с этой Марчиано Марина…

Автобус уже петлял по улочкам Портоферрайо, когда Адам заметил знакомую вывеску «Конад». Оказывается, и здесь есть этот супермаркет. Но судя по зданию, он больше и солиднее, чем в Марчиано Марина. Надо будет заглянуть.

Конечной остановкой был порт. У пристани, как и в прошлый раз, стояли пришвартованные паромы, сновал народ, царили суета и оживление. Прежде чем выдвинуться на охоту за осьминогом, Адам решил зайти в туристический офис, расположенный прямо здесь, на набережной, и предлагавший всевозможные услуги туристам. Ему нужен был обратный билет до Рима, и Адам не хотел откладывать эту покупку на последний момент.

Он увидел вывеску «Биглетта Тренталия» — железнодорожная касса. «Вот тебя-то мне и надо», — подумал он и вошел в офис. А вскоре уже вышел оттуда «обилеченный», как сказали бы в советские времена.

Можно было приступать к поискам польпо. И начать Адам решил с того магазина, в который на бегу заскакивал в прошлый раз, и посещение которого стало спасением в первый вечер на Эльбе. Кажется, он назывался «КООП».

Сейчас, без тяжелого чемодана, дорога до супермаркета показалась легкой и приятной прогулкой. Адам без труда нашел «КООП» и прогулялся по рыбному отделу. Он разглядывал выложенный на колотый лед ассортимент, а внутри занозой сидела мысль: надо дойти до местного «Конада» и посмотреть, что там дают. Вот только как его найти?

За стойкой администратора сидела барышня, и Адам, сконфуженно улыбаясь, спросил ее:

— Не подскажете, как пройти к магазину «Конад»? Извините, я понимаю, что не вполне этично спрашивать — это же ваш конкурент, но…

— Ничего страшного, сеньор. Я вам помогу, — улыбнулась та и объяснила маршрут.

— Спасибо большое, — горячо поблагодарил Адам и пообещал, — я обязательно вернусь!

«Конад» в Портоферрайо оказался действительно больше, чем в Марчиано Марина, но уступал «КООП» по изобилию морепродуктов. Поэтому Адам купил в нем только гастрономические подарки для близких и для себя: несколько бутылочек уксуса «крема де бальзамико», сгущенного до состояния сметаны, и большой квадратный кусок «шпека» — сырокопченого мяса в вакуумной упаковке, способного перенести долгую обратную дорогу. О таких деликатесах в Израиле можно только мечтать.

Вскоре Адам снова вошел в двери «КООП», помахал рукой администраторше — мол, вон он я, сдержал слово, и направился к рыбному отделу. Филе тунца, змеевидные тушки угря, осьминоги, крабы, морские гребешки, королевские креветки «гамбио», устрицы и другие ракушки, чье содержимое считалось изыском морской кухни, а также невероятное количество разной рыбы — все это поражало воображение. Адам почти расстроился, что всего так много, и он явно не успеет попробовать хотя бы половину из этого великолепия.

Один осьминог был таких размеров, что за сутки не съешь, дай бог за пару дней одолеть.

К добытому польпо он прикупил креветок, салат радиччио, петрушку, кинзу и фрукты и нагруженный провизией отправился к автобусной остановке. Пора возвращаться в Марчиано Марина и готовить царский обед!

Разобрав дома продукты, Адам первым делом отправил в кастрюлю огромного осьминога — тому полагалось часок отмокнуть в холодной воде. Пока польпо принимал водные процедуры, Адам сделал салат, отварил креветки и налил себе бокальчик полюбившегося «Руфино Кьянти». А когда подошло время, осьминог отправился на плиту в компании с розмарином, тимьяном и лавровым листом. Через час варки с душистыми травами, крупной морской солью и кайенским перцем он порозовел и заметно прибавил в размерах. Казалось, что он вот-вот вытянет щупальца и выберется из кастрюли.

Адам поглядывал на него и невольно вспоминал легенду о гигантских спрутах, живших в пучине Мирового океана, которые порой поднимаются на поверхность, нападают на корабли и утаскивают их на дно.

Ну с этим зверем, который таращится на него из кастрюли, он точно справится. Адам попробовал польпо на предмет готовности — щупальца с многочисленными присосками стали упругими и приятными на вкус, а сама тушка приобрела мягкость и сочность. Из серого страхолюдного морского чудища осьминог превратился в самое вкусное морское блюдо — красноватое сверху, с белым мясом внутри.

Обед получился бесподобным. Именно ради таких минут Адам и отправлялся в гастрономические путешествия. Что ни говори, а кулинария — это чудесное искусство. И когда все получается, то воспоминания о произведениях этого искусства остаются надолго.

Глава 6. Фермерский рынок

На следующее утро Адам решил наведаться на причал, к рыбацким баркасам. Он увидел знакомого толстяка в резиновых сапогах в компании других рыбаков, которые неспешно покуривали, сплевывали в воду и обсуждали свои дела. Итальянец поздоровался с ним и с сожалением развел руками — улова не было.

Ну что ж, не судьба. Хорошо, что в холодильнике осталась добрая половина польпо из Портоферрайо. За сегодняшний обед можно быть спокойным.

Никаких дел и планов у Адама решительно не было, и он отправился бродить по Марчиано Марина. Вскоре он заприметил какое-то оживление на одной из улиц и вышел к небольшому рынку под открытым небом. Судя по всему, появление этого рынка носило «предсказуемо-стихийный» характер. То есть торговцы собирались здесь в определенные дни, один-два раза в неделю — такое принято в курортных городках.

В отличие от блошиных рынков здесь можно было купить не только подержанные вещи, сувениры и всякую мелочевку, но и продукцию местных фермерских хозяйств: сыровяленое мясо, сыры твердых сортов, овощи, фрукты, зелень, оливковое масло, рыбные консервы домашнего приготовления. Все это напомнило Адаму рынок Аяччо на Корсике — тот же колорит, шум-гам, цены намного ниже магазинных и неповторимый ассортимент товаров. Здесь, например, Адам впервые увидел консервированного тунца в стеклянной банке. Это были не привычные формы консервов, а прямо здоровенные куски филе рыбы в оливковом масле. Не взять на пробу было бы грехом. Дома, в Израиле, он приготовит из этого тунца салат. Должно быть вкусно. В свои апартаменты в «Антонио» Адам возвращался с довольной улыбкой и размышлял, что в целом его отпуск проходит весьма неплохо.

В оставшиеся дни на Эльбе он работал над книгой, а в свободное время гулял и наслаждаться «дольче фарньентэ», зная, что в конце путешествия по Италии его ждет самое вкусное — вишенка на торте — великолепный и прекрасный Рим.

Глава 7. Вокзал «Термини» и отель «Римини»

Обратная дорога до столицы Италии показалась Адаму короче, чем путь на Эльбу. Но тем не менее она заняла почти весь день. Попрощавшись с гостеприимным хозяином ресторана-апартаментов «Антонио», Адам сел в автобус, который доставил его в Портоферрайо. А затем — паром, снова автобус и напоследок поезд до Рима. Значительно потяжелевший чемодан, нагруженный подарками, вел себя прилично и не выкидывал коленца. Однако Адам все равно порядочно устал и мечтал только о том, чтобы скорее добраться до гостиницы.

И вот, наконец, главный железнодорожный вокзал «Термини». Адам вышел из вагона и поразился тому, куда попал. Вокзал был многоуровневым, с огромными пространствами и площадями, с гигантскими световыми табло. Двадцать четыре платформы, море поездов и людей из разных стран, только приехавших или уезжавших в разные уголки Европы. Отовсюду лилась иностранная речь, и все вокруг больше походило не на Рим, а на Вавилон. Адам, следуя информационным указателям, вышел на улицу.

Район оказался запружен магазинами из серии «товары в дорогу», забегаловками, кафешками, а также туристами и типично привокзальной публикой: пьяницами, бомжами, карманниками и иммигрантами-коробейниками, которые в изобилии есть во всех странах. Единственная разница заключается в их национальности. В Риме это, к удивлению Адама, оказались индусы. Они наперебой предлагали свой нехитрый товар – зонтики, холодную воду, зажигалки и прочую мелочевку, нужную ко времени. Некоторые работали зазывалами в закусочных, они громко нахваливали и предлагали отведать национальную индийскую кухню. Немногочисленные полицейские лениво наблюдали за происходящим.

Адаму вспомнилась передача по телевизору о пышных похоронах «крестного отца» Рима, который оказался цыганом. Это было что-то новенькое: о сицилийской мафии и неаполитанской каморре он знал, но чтобы Римом заправляла цыганская криминальная семья?.. Теперь, глядя на снующих и галдящих индусов, он снова подумал, что есть в этом нечто неправильное. Не то чтобы это сильно беспокоило, но когда в одном месте собирается многочисленный чужеродный этнос, возникает неуютное ощущение.

Адам осмотрелся вокруг. По идее, его гостиница должна быть где-то рядом. Он специально забронировал номер в «Римини», зная, что после Эльбы приедет на «Термини» и потом ему придется отсюда же поездом ехать в аэропорт. Бумажка с адресом отеля была в руке, однако, помня печальный опыт с поисками «Тесси Вияджи», он решил не рисковать и сразу спросить у кого-то из итальянцев, как добраться до «Римини».

Повезло с первой же попытки. Один из молодых парней, разгружавших фургон с мебелью, объяснил ему дорогу с помощью карты в мобильном телефоне. Оказалось, что отель Адама был буквально за углом, всего в ста метрах от здания вокзала.

Небольшой номер выглядел чистым и опрятным, однако иллюзию комфорта сводила на нет общая итальянская традиция отмерять для санузла ровно столько места, чтобы в него можно было едва втиснуться. Совмещенные уборная и душевая в «Римини» очень напоминали «помывочную камеру» в Марчиана Марино. Здесь оказалось даже «удобнее»: сидя на унитазе можно было положить подбородок прямо на микроскопическую раковину. Впрочем, это стремление итальянцев к «уплотнительной застройке» Адама уже не удивляло. Привык. К тому же его волновал другой, более актуальный вопрос — ужин. Желудок настойчиво напоминал, что он пропустил завтрак и обед и не намерен терпеть такое бедственное положение ни минутой дольше.

Портье подсказал Адаму дорогу до ближайшего продуктового магазина, которым, к вящей радости, оказался старый добрый знакомец «КООП». Однако воодушевление спало, едва Адам перешагнул порог супермаркета. Тот не имел ничего общего со своим собратом на Эльбе. Скудный ассортимент, товары, не отличающиеся изыском, а мясной и рыбный отдел отсутствовали как класс. «Впрочем, не удивительно, — подумал Адам, — при такой-то конкуренции со стороны кафе и ресторанчиков, гнездящихся друг на друге, магазины здесь больше для проформы». Тем не менее, есть хотелось страшно, и искать другое заведение, отвечающее запросам истинного гурмана, не было ни сил, ни желания. Поэтому Адам выбрал лучшее, что смог найти на полках римского «КООП»: багет, упаковку нарезанного копченого мяса и небольшой кусок сыра пармезан. Бутылка красного вина скрасила скромный ужин. А накатившие после еды сытость и усталость сморили его, и он крепко уснул.

Глава 8. Знакомство с Римом

Наутро Адам, посвежевший и отдохнувший, был готов к новым приключениям. Понятно, что за несколько дней, которые он пробудет в Риме, невозможно осмотреть все достопримечательности. Но этого времени должно хватить, чтобы проникнуться атмосферой и почувствовать пульс жизни города. Администратор «Римини» посоветовал Адаму обзорную автобусную экскурсию: платишь восемнадцать евро и ездишь, сколько душе угодно. Маршрут проходит по самым известным туристическим местам и включает в себя остановки у основных достопримечательностей. И курсируют автобусы между ними с небольшим интервалом, так что можно выйти, осмотреться, погулять, а потом сесть на другой автобус и ехать дальше.

Адаму понравилась эта идея — не быть привязанным к конкретному времени и конкретному автобусу. Хочешь — катайся, не хочешь — гуляй пешком. А когда устанешь — садишься и снова едешь. Он купил билет на целый день.

Остановка экскурсионного транспорта находилась неподалеку от «Римини», и двухэтажный зеленый автобус уже поджидал пассажиров. Адам ясно видел это, стоя на перекрестке, отделявшем его от вожделенной цели. Проблема была в том, как перейти широкую транспортную магистраль. Машины ехали в обоих направлениях, и казалось, не реагировали на сигналы светофора. Адам стоял возле пешеходного перехода и посматривал на людей, которые, по-видимому, терпеливо ждали какого-то особого знака светофора. Уже несколько раз сменились зеленый и красный цвета, но народ по-прежнему стоял, а автомобили по-прежнему неслись. Интересно, должен загореться синий или фиолетовый, что ли?

Наконец, светофор снова мигнул, и толпа пешеходов оживилась. Адам вместе со всеми пересек многополосное шоссе и направился к автобусу, когда ему наперерез кинулась парочка индусов.

— Сеньор, не желаете билет на экскурсию? У нас со скидкой и дешевле! Берите, не прогадаете!

Адам молча показал им свой проездной, и те тут же потеряли к нему всякий интерес.

Он занял место на втором этаже, получил наушники. Выяснилось, что экскурсия ведется на десяти языках. Он выбрал русский. Приятный женский голос стал рассказывать об истории Рима и достопримечательностях, которыми славится древний город.

Они проехали одну из четырех главных базилик — Санта-Мария-Маджоре, Колизей, Палатин и арену цирка Массимо, где прежде во времена кровавых и зрелищных состязаний гремели колесницы, а выжившие становились новыми героями Рима. Автобус останавливался возле этих великих сооружений, но туристы не спешили покидать свои места. Почти все экскурсанты, включая Адама, решили начать осмотр с дальней точки маршрута — Ватикана.

Под аккомпанемент голоса из наушников они миновали площадь Венеции, театр Марчелло и фонтан де Треви. Адам хотел было сойти здесь: к этому подталкивало желание воочию увидеть то место, именем которого назывался ресторан, где он в свое время работал в Нью-Йорке. То заведение, конечно же, было декорировано соответствующе, а его стены украшали фотографии и картины знаменитого фонтана. К тому же, любопытство Адама подогревалось любимым фильмом — «Ла дольче вита». Одна из самых запоминающих сцен гениального Феллини снималась как раз у фонтана де Треви.

Адам с трудом подавил порыв выйти здесь. Все-таки знакомство с городом лучше начинать с самой удаленной точки маршрута — с Пантеона, Ватикана и собора Святого Петра.

Когда объявили эту остановку, туристы засобирались на выход и дружно высыпали наружу, а их места в автобусе тут же заняли другие обладатели волшебного проездного билета.

Адам вышел вместе со всеми и направился к мосту Святого Ангела, который украшали дивные мраморные скульптуры. Внизу текла мутная речка, и Адам был обескуражен, узнав, что это и есть знаменитый Тибр. По берегам кое-где виднелись невзрачные пристани, но не было ни одной лодчонки и даже намека на судоходность. Вспомнился фильм «Римские каникулы» с Грегори Пеком и Одри Хепберн и та сцена, где герой и героиня ввязались в драку с охраной. Тот эпизод снимался на Тибре, но явно не в этом месте.

Адам прошел по мосту Святого Ангела и оказался возле великолепного здания, возвышавшегося над всем вокруг. Это была настоящая крепость с внушительными стенами и бойницами, которая могла выдержать любую осаду. Подойдя ближе, он прочитал надпись на табличке у ворот: «Министерство обороны. Военный форт».

Галдящие туристы, стекавшиеся с окрестных улиц, устремлялись дальше по аллее, ведущей к музею Ватикана. Адам последовал за ними и вскоре вышел на огромную площадь, раскинувшуюся перед собором Святого Петра. Часть ее была заставлена стульями и скамейками — похоже, шли приготовления к какому-то крупному мероприятию. Возможно, обращению Папы Римского к пастве или что-то в этом духе. Словно подтверждая эту догадку, к собору приблизилась процессия людей в традиционных темных монашеских рясах, подвязанных веревками, и с капюшонами. Среди них встречались также мужчины в белых одеяниях, и выглядело это шествие очень необычно, колоритно и торжественно.

Впечатление смазалось из-за выскочившего как из-под земли очередного индуса.

— Сэр, не хотите без очереди попасть в Ватиканский музей?

— А сколько в очереди стоять?

— Часа полтора-два! А у меня билеты недорого, и вы пойдете в другой очереди, она короче.

— Вы же сказали «без очереди»? — Адам поймал спекулянта на слове.

— Не надо билет — так и скажи, — огрызнулся тот и растворился в толпе.

Адам и в самом деле хотел бы попасть внутрь, но умом понимал, что потеряет из-за этого весь день и не успеет посмотреть остальной Рим. Он побродил по площади, делая снимки собора с разных ракурсов и восхищаясь его красотой. Но потом, хоть и с сожалением, а пришлось двигаться дальше.

Он прогулялся по набережной Тибра, разглядывая особняки патрициев и дворцы римской знати, монументы и памятники императорам и различным святым. Это был настоящий город-музей под открытым небом. Все вокруг дышало величием и гордостью, застывшей в веках. Все напоминало о грандиозной истории Римской империи. И эту память не могли испортить даже бесконечные аляповатые лотки с сувенирами и побрякушками-безделушками, тянувшиеся вдоль набережной и примыкавшим к ней улицам.

Адам дошел до остановки своего автобуса и решил, что, пожалуй, на сегодня достаточно — пора ехать в отель. А завтра он весь день посвятит пешеходным прогулкам по Риму.

Подъезжая к «Термини», Адам увидел магазин, в витрине которого были выставлены ридикюли, сумки, рюкзаки и чемоданы. При этом сам магазин, похоже, принадлежал итальянцам, а не индусам, что сразу делало это заведение привлекательнее в глазах Адама. Чемоданный вопрос до сих пор оставался открытым, и ему уже порядком надоело иметь дело со сломанной ручкой, которая держалась на скотче и на честном слове. В общем, выйдя из автобуса, Адам направился туда.

Это оказался настоящий чемоданный рай. Кожаные, алюминиевые, тканевые. Миниатюрные, средние и просто гигантские. Стандартной формы и невообразимых размеров и конфигураций. Все, что только могла пожелать душа путешественника, было здесь.

— Бонджорно, сеньор! Могу я чем-то помочь?

— Да, мне нужен большой и, самое главное, надежный чемодан, который не развалиться на ходу через две недели.

— Вы обратились по адресу. У нас есть эксклюзивные вещи от фирмы «Делсей». Мы даем гарантию на всю линейку их продукции на пять лет.

— Прекрасно, но не полечу же я в Рим за гарантийным обслуживаем, если ваш чемодан отдаст концы у меня на родине?

— Это не проблема: у нас есть филиалы почти во всех странах мира.

— Хм, там, где я живу — вряд ли, — усомнился Адам. — Ладно, сколько стоит этот? — он ткнул пальцем в сторону вместительного чемодана, стоявшего в окружении двух чуть меньших собратьев той же расцветки.

— О, белиссимо, сеньор! Превосходный выбор! Одна из лучших моделей и всего за тысячу долларов.

— Тысяча — за всю троицу, надеюсь?

— Нет, что вы, только за большой.

— Да за эти деньги можно «Самсонайт» купить! А что-то побюджетнее есть?

В итоге, Адам выбрал другую модель и торговался до последнего, пока продавец не пообещал сделать скидку в сто пятьдесят долларов. Они договорились, что Адам вернется за покупкой завтра, так как нужной суммы с собой у него не было.

Он вышел из магазина и направился к «Термини», размышляя, не многовато ли собрался выложить за приглянувшийся чемодан. Триста пятьдесят долларов

— кругленькая сумма для такой покупки. Ну да ладно, еще не поздно передумать. До завтрашнего дня время есть.

Адам решил зайти перекусить в «Шеф чойс» — один из многочисленных итальянских ресторанчиков, расположенных внутри здания вокзала и предлагавших не особо широкий ассортимент горячих блюд. Поскольку время обеда уже прошло, то Адаму и вовсе пришлось выбирать из двух.

— Остались только спагетти «маринара» или ньокки, — сообщила официантка.

— М-да, негусто… Хорошо, давайте ньокки.

Адам имел точное представление о том, каким должно быть это блюдо — благо, не один год работал в итальянском ресторане, бок о бок с теми, кто поистине знал толк в национальной кухне и с большим пиететом относился к ньокки.

Настоящие ньокки — это что-то вроде украинских галушек, но приготовленных на итальянский манер. Картофельное пюре смешивают с небольшим количеством пшеничной муки, а затем катают из этого теста маленькие шарики, которые потом слегка сдавливают пальцами, придавая им своеобразную форму. Затем шарики варят в слегка подсоленной воде и припускают с томатным соусом и сыром пармезан. Понятно, что пармезан должен быть высшей пробы, а томатный соус — свежеприготовленным, с орегано, базиликом и специальными травками-приправками.

Вскоре перед Адамом появилась большая дымящаяся тарелка с чем-то непонятым. То, что плавало в жиденькой красноватой подливке, по-видимому, заменявшей томатный соус, было чем угодно, но только не ньокки. И выглядело, и пахло это так, что пробовать не хотелось категорически. На глаз было видно, что ни пармезана, ни приправ, ни даже простого черного перца в подливке не было. Из чего сделаны сами ньокки, Адам даже не желал думать. Он с отвращением отодвинул от себя «обед» и заплатив, но не оставив чаевых, вышел прочь.

Голод одолевал уже изрядно, поэтому Адам оставил попытки непременно отведать местную кухню и отправился искать хоть что-то — может, не итальянское, но, по крайней мере, съедобное.

Блуждая между ресторанчиками, кафе и стойками фаст-фуда, он наткнулся на вывеску «Бэйглс» и обрадовался, как ребенок. Бэйглс — по-русски «бублики» — были его любимой едой с детства. В Ленинграде их привозили в булочную с хлебозавода еще горячими, и уж если повезло выстоять очередь и купить это лакомство, то оно съедалось прямо по дороге домой. Уже взрослым приехав в Нью-Йорк, Адам обнаружил, что американцы буквально обожают бэйглс, хотя считают их еврейским национальным блюдом (в Израиле, кстати, про это и понятия не имеют). Там, в США, бэйглс отличались от русских бубликов сложностью приготовления. Их посыпали кунжутом, маком, тмином, жареным луком, крупной морской солью или всем этим добром сразу. В сладкую версию бэйглс при замешивании теста добавляли изюм и корицу.

Бэйглс продавали горячими, а если клиент желал, то бублик пропускали через тостер. Разрезанный вдоль на две половинки, намазанный сливочным сыром «Филадельфия», с ломтиками слабосоленой семги — это было пищей богов!

Адам кинулся к прилавку и спросил, готовят ли здесь такие бэйглс?

— А, вы американец! — улыбнулся продавец. — Только ваши спрашивают этот вариант. Мы делаем с прошютто и сыром «моцарелла». Берите, очень вкусно, не пожалеете.

— Хорошо, давайте! И большую чашку капучино, пожалуйста.

Бэйглс действительно оказался что надо. Адам с удовольствием съел его и сразу почувствовал себя намного лучше. В благодушном настроении он вышел на улицу и решил, что самое время для десерта — знаменитого на весь мир итальянского мороженого. Или, как его здесь называют, джелато.

Он слыхал, что якобы само вкусное джелато продают возле Папского дворца, но ехать туда специально ради порции мороженого было бы глупо. Тем более повсюду, на каждом углу, были джелатерии, предлагавшие несметное количество сортов мороженого. Адам зашел в ближайшую, и у него разбежались глаза. Попробовать все было невозможно, даже если поселиться в этой джелатерии и на завтрак, обед и ужин питаться только мороженым. После долгих раздумий он купил сахарную трубочку с тремя сортами: шоколадным, фисташковым и клубничным. Вкус был бесподобным, а качество — действительно ни с чем не сравнимым. Однако кое-что все-таки оказалось неправильно: надо было брать мороженое в бумажном стаканчике, а не в вафельном рожке. Мягкое джелато на жаре таяло непостижимо быстро, и пришлось есть его слишком поспешно, не успевая посмаковать каждый вкус и рискуя перепачкаться по уши.

Глава 9. Прогулка по Риму

Следующий день Адам посвятил променаду по Вечному городу. Завтрак а ля «шведский стол», который предлагался в отеле, оказался так себе. Но Адам вовремя сообразил, что можно получить вполне приличный двойной капучино, если итальянскую матрону — распорядительницу банкета, больше похожую на советскую буфетчицу — называть «сеньорита», а не «сеньора». Той было под шестьдесят, но она была явно падка на лесть.

Подкрепившись, Адам отправился вчерашним маршрутом, но теперь уже пешком. Он сделал несколько снимков возле базилики Санта-Мария-Маджоре и собрался идти дальше, к Колизею, когда его внимание привлекла другая достопримечательность, понятная, возможно, только ему: большой магазин, по одному виду которого была ясна его претензия на звание элитного. Внутри было пустынно — покупателей не наблюдалось. Прилавки ломились от обилия продуктов, но Адам наметанным взглядом сразу понял, что это больше приманка для туристов, нежели настоящие деликатесы. Единственное, что заслуживало внимания, это бесконечно богатый выбор оливкового масла. Целый отдел с бутылями и бутылочками, банками и крошечными баночками. Натуральное и с различными добавками — от трюфелей и ароматных трав до разноцветных перцев, красиво уложенных на дно стеклянных емкостей. Адам любовался на эти витрины, но решил пока ничего не покупать — впереди целый день прогулок, тащить с собой тяжесть не хотелось.

Он спустился вниз от Т-образного перекрестка и бродил по улочкам, когда совершенно внезапно появился… Колизей! Он совсем не был готов к встрече с ним, и не ожидал, что буквально налетит на него из-за угла! Вид этого колоссального сооружения с близкого расстояния, да еще и возникшего так вдруг, поражал воображение. У входа в Колизей стояла длинная, змеевидная очередь. Чтобы отстоять ее потребовалось бы часа три, не меньше. Рядом с туристами, как водится, вился рой индусов, предлагавших «пройти без очереди» за отдельную плату.

Адам не спеша прогулялся вокруг, немного завидуя счастливчикам, которым повезло попасть внутрь и которые могли ощутить дыхание веков на себе. Он размышлял о том, насколько верно название: Colosseo. Это действительно был Колосс... Он был сооружен две тысячи лет назад, рассчитан на пятьдесят тысяч зрителей и построен за восемь лет. Это и сегодня потребовало бы огромных финансовых и человеческих усилий. Что уж говорить про те времена!

После Колизея Адам пошел к Палатину и к цирку Массимо, а затем — к Триумфальной арке Тита, стараясь не обращать внимания на толпы туристов и индусов. Не хотелось портить впечатление от посещения этих знаковых мест. В памяти всплывали фрагменты из школьного курса истории, отрывки из кинофильмов прошлых лет и современных блокбастеров, сюжеты которых как бы реконструировали Древний Рим и его культуру — эту великую цивилизацию прошлого...

Размышляя о тех временах, Адам не заметил, как вышел к фонтану де Треви и оказался несколько разочарован. По режиссерской работе Феллини фонтан де Треви представлялся Адаму грандиозным, монументальным, исполинским сооружением, стоящим в центре огромной площади. В реальности же размеры и площади, и фонтана были гораздо скромнее. Тем не менее, зрелище было великолепным, а вечером, наверное, его еще и подсвечивают разноцветными огнями, и в ночи фонтан де Треви выглядит, должно быть, бесподобно. Адам сфотографировался возле него и уже собрался идти дальше, как понял одну простую вещь: в Риме вкушать духовную пищу можно до бесконечности. Однако надо хоть изредка делать перерыв, чтобы утолить и физический голод. Кроме того, ноги гудели, проносив целый день хозяина по городу на семи холмах. Пора возвращаться в отель.

Спрашивая у прохожих, как добраться до «Термини», Адам вскоре дошел до площади Испании, а затем оказался на той же улочке, что и вчера — прямо возле магазина чемоданов. «Была не была, зайду, — решил он. — Если тот чемодан уже купили, значит, не мой и был. А если нет, то, похоже, надо брать».

Прежнего продавца на месте не оказалось, но дама за прилавком подтвердила, что предупреждена и что чемодан дожидается своего будущего хозяина. Адам расплатился и покатил по улице нового четырехколесного друга, прикидывая, не многовато ли всё-таки отдал за эту «дружбу» — шутка ли, триста пятьдесят долларов. И ведь даже не «Самсонайт»! Хотя, конечно, выглядел чемодан весьма достойно, важно и добавлял статуса своему владельцу.

Адам вернулся в гостиницу, довольный собой и приобретением. Коварный старый приятель с заедающей ручкой тут же был отправлен на пенсию. Когда Адам спустился с ним на лифте в вестибюль, портье удивленно уточнил:

— Уже покидаете нас?
— Я — нет. А вот это изделие — да. Ручка сломалась. Не подскажете, где ближайшая помойка?

— Оставьте его нам, — предложил портье. — Всякие случаи бывают. Может, кому-то пригодится и со сломанной ручкой.

— Пожалуйста, забирайте, — Адам пожал плечами. Он честно предупредил, что считает эту боевую единицу не годной к службе. — И кстати, хотел спросить: не подскажете, как мне добраться до «Американо»? Я приблизительно знаю дорогу, но боюсь заплутать.

Портье странно взглянул на него, но в итоге объяснил маршрут, и Адам вернулся в номер. На сегодня его приключения окончены. Надо поберечь силы для следующего дня. Его ждет экскурсия на «Американо», о которой он давно мечтал. И на которую вряд ли решится хоть один из тех туристов, которые толклись в центре Рима.

Глава 10. «Американо» и «Мэдисон маркет»

«Американо» был центральной барахолкой Рима. Но не обычным блошиным рынком, а с особой богатой историей. Может, не такой кровавой, как у Колизея и цирка Массимо, но трагедий там точно хватало. Кроме того, косвенно она пересекалась с историей жизни Адама, поэтому он стремился попасть на этот рынок.

Давно, в 70-х годах прошлого века, когда поток эмигрантов из СССР хлынул в США, беженцы по полгода жили в Европе в ожидании американской визы. Адам, уехавший из России с «последней волной» в 1979 году, не стал исключением, и тоже провел шесть месяцев в напряженной неизвестности, примет ли его в свои объятия свободная Америка. Правда, в отличие от других, он «перекантовался» положенные полгода в Вене, а вот большинство эмигрантов селили на это время в пригородах Рима — Ладисполи и Остии. Беженцы из СССР должны были время от времени появляться в столице Италии, чтобы решать возникающие бюрократические вопросы и получать небольшое денежное пособие. Они снимали квартиры вскладчину, ходили в обносках, экономили на питании, но денег все равно не хватало. И спасением был только «Американо».

Здесь можно было продать ненужные пожитки и нехитрый скарб, который удалось провезти через границу. Постельное белье, скатерти, оптика, паяльники, но главным образом — русские сувениры и изделия народных промыслов. Вырученные копейки были крошечным, но все же подспорьем в борьбе с нищетой и голодом. Хотя часто случалось и так, что, простояв целый день, ты ничего не смог продать. Или еще хуже: заработанные гроши или дешевенький товар становились добычей жулья и проходимцев, которых на «Американо» всегда хватало.

На этом рынке встречались все. И все были равны: ученые и домохозяйки, бывшие профессора и недавние школьники. Продавали все, что позволило бы заплатить за жилье, пропитание и протянуть здесь полгода, не протянув при этом ноги.

Адам слышал об «Американо» от многих знакомых, которые «проходили эмиграцию» в Италии, а не в Австрии, как он. В свое время он написал роман об этих непростых годах, непростых людях и непростых условиях, в которых они выживали. И теперь, хотя он и был впечатлен древней историей Рима, ему хотелось побывать в этом, не менее историческом для него лично, месте.

Поэтому утром, плотно позавтракав, он спустился в холл с намерением тут же отправиться на «Американо». Но перед этим решил уточнить у портье номер автобуса. Накануне он запомнил весь путанный и сложный маршрут, однако забыл такую мелочь, как записать, какой именно автобус едет от станции метро до нужного ему «Американо». В утреннюю смену дежурил другой портье, и Адаму пришлось заново объяснять, куда ему надо добраться.

— Но сеньор, «Американо» работает только по воскресеньям. Сегодня все закрыто.

— Вот это номер! А если бы я не спросил, а поперся бы туда через весь город? Ваш коллега что, специально хотел меня так подставить?

— Ну что вы, сеньор! Он, наверное, что-то перепутал. Если вам непременно нужно попасть на рынок, то сегодня работает «Мэдисон маркет». Он похож на «Американо». Я объясню, как доехать.

Сказать, что Адам расстроился — ничего не сказать. Ну да что поделать…— Хорошо, — проворчал он. — Рассказывайте, где этот ваш «Мэдисон маркет».

Рынок находился далеко, а место, где он располагался, контрастировало с центральным районом Рима. Конечно, не гетто с лачугами, но было заметно, что люди здесь живут бедные и непритязательные. Проплутав по улицам с четверть часа, Адам наконец нашел то, что искал. Одноэтажное длинное здание носило гордое название «Мэдисон маркет», однако так и осталось загадкой, почему «Мэдисон» и, что еще важнее, почему «маркет». Три прилавка с блеклой, увядшей зеленью, овощами и фруктами и один с бакалеей ну никак не походили на рынок в нормальном его понимании. Покупателей не было. Адам в одиночестве прошелся между этими «торговыми рядами», сильно сожалея, что потратил почти полдня на поездку сюда. Уж лучше бы еще разок прогулялся по историческому центру Рима, чем тащился бы на этот «Мэдисон маркет»!

Он остановился у лотка, на котором стояли пластиковые бутылки с оливковым маслом, лежали пачки макарон, спагетти и круп. Этот нехитрый ассортимент скрашивали два пакетика сушеных белых грибов — по двадцать и семьдесят граммов. Ну хоть что-то стоящее.

— Почем грибы?
— Сеньор, это порчини! — продавщица закатила глаза, словно это были по меньшей мере трюфели.
— Я знаю. Сколько хотите за это великолепие?

— Они стоят семьдесят евро за килограмм.

— И у вас наберется килограмм таких пакетиков?

Продавщица недоверчиво посмотрела на Адама и нырнула под прилавок, не веря тому, что нашелся покупатель, готовый выложить за ее товар такие деньги. Оказалось, что у нее было семь маленьких упаковок порчини, и Адам купил все. Из общий вес был смешным, и выгода от продажи, по его мнению, была тоже смехотворной. Однако судя по ликующим восклицаниям продавщицы и жарким пожеланиям хорошего дня, Адам сделал ей чуть ли не недельную выручку.

На обратном пути он зашел на вокзал «Термини», перекусил в полюбившемся кафе порцией бэйглс с моцареллой и прошютто, а затем заскочил в железнодорожные кассы и купил билет на утренний поезд. В семь ему уже надо быть в аэропорту, и лучше было спланировать все загодя.

Получив картонную карточку с указанным временем и номером платформы, от которой отходит поезд, Адам решил подстраховаться и заранее выяснить, откуда именно ему завтра уезжать. Потратив на прояснение этого вопроса двадцать минут, он мысленно похвалил себя за предусмотрительность: мало радости было бы спозаранку метаться с чемоданом по вокзалу в поисках своего поезда.

Глава 11. Верет

Вернувшись в отель, Адам поработал над книгой, упаковал багаж и перед сном решил напоследок прогуляться по вечернему Риму. Когда он вышел из гостиницы, часы показывали уже начало одиннадцатого, но праздношатающегося народу было предостаточно. Возбужденный гул голосов, туристы и завсегдатаи, потягивающие напитки на летних террасах кафе — жизнь бурлила вовсю, не останавливаясь ни на минуту даже ночью. Адам зашел в «КООП», купил бутылку воды и отправился гулять по близлежащим улочкам.

Чем дальше он уходил от «Термине», тем тише и романтичнее становилось вокруг. Ночь была ясной, теплой и спокойной, а неяркий свет окон и фонарей создавал волшебную атмосферу. Адаму чудилось, будто он оказался в одном из его любимых итальянских фильмов.

Маленькое путешествие, пропитанное сентиментальностью для одного, подходило к концу, и невдалеке уже маячила неоновая вывеска «Римини», когда Адам увидел на пустынной улице женскую фигуру. Статная, с горделивой осанкой, стильно одетая — женщина была совсем одна. Адам заметил странную, приятную и доброжелательную улыбку на ее лице. Она открыто посмотрела на него. Он, не понимая, чем вызван интерес к его персоне, даже оглянулся — может, чарующая улыбка адресована кому-то другому? И рыцарь этой прекрасной дамы как раз за спиной Адама? Но нет, на улице были только они.

Поравнявшись с ней, Адам услышал вопрос по-итальянски, обращенный, вне всяких сомнений, именно к нему. Он не понял ровным счетом ничего и пробормотал:

— Извините, я говорю только по-английски.
— О, простите, я думала, вы итальянец! — незнакомка непринужденно перешла на английскую речь. — Не подскажете, где вы купили эту прекрасную бутылку воды?
— Прекрасную бутылку воды? — окончательно смутился Адам. — Тут за углом супермаркет. «КООП». Там большой выбор продуктов и... и разных вод. То есть воды. То есть минералок.
— Спасибо большое!

Женщина снова улыбнулась ему и направилась в сторону «КООП».

Отель «Римини» находился на той же стороне улицы, и до него было рукой подать, поэтому Адам шагал следом за незнакомкой-красавицей и чувствовал себя одновременно и приятно взбудораженным, и сбитым с толку, и расстроенным.

Ну в самом деле, почему он не поддержал разговор должным образом? Вода ей нужна, как же! Похоже, она хотела пофлиртовать. Но какой смысл ему завязывать отношения? Завтра в шесть утра он уезжает. С другой стороны — ну и что? Сегодня-то еще не завтра! Мог бы провести вечер в хорошей компании, пригласить даму в ресторан, угостить вином, пообщаться... Он посмотрел на себя в отражении витрины: шорты, футболка, кроссовки, полуторалитровая бутылка воды. Ну-ну, ресторанный кавалер. Почему же она хотела познакомиться? И тут его пронзила догадка: а может, это путана?! Ну нет, тогда бы она просто предложила «отдохнуть», и все. Да и не похожа она на таких девиц...

Адам присмотрелся к ней, все еще идущей впереди него. Сзади она казалась еще соблазнительнее. Стройный силуэт и рельефные бедра, плавно покачивающиеся при ходьбе. Элегантный строгий брючный костюм, явно не из дешевых. Густые ухоженные волосы, собранные в тугую косу. Все вместе это создавало волнующую картину. А еще и пряная римская ночь и напоенный ароматами цветов воздух...

Эх, была не была! Адам догнал красавицу и предложил:

— Давайте я покажу вам дорогу. Все равно вышел просто прогуляться, никуда не тороплюсь.

— Благодарю, очень любезно с вашей стороны, — улыбнулась она. — Может, познакомимся? Меня зовут Верет.

— Очень приятно! У вас удивительно красивое имя, Верет... Я Адам.

Вскоре они уже болтали как давние знакомые. Напряжение первых минут спало, и разговаривая на приличествующие случаю темы, они дошли до «КООП». Верет взяла маленькую бутылку воды и достала купюру в двадцать евро, чтобы расплатиться, но кассир-итальянец в экзальтированной манере разразился тирадой и бурной жестикуляцией, показывая, что у него нет сдачи с «такой огромной суммы». И тут Адам удачно реабилитировался в глазах новой знакомой: у него очень кстати оказалась с собой целая пригоршня мелочи. Он вытащил ее из кармана, и кассир взял несколько монеток.

Смеясь и обсуждая темпераментную привычку итальянцев решать незначительные, мелкие вопросы так, словно речь идет о жизни и смерти, Адам и Верет вышли на улицу и остановились у столика одного из летних кафе. Тот как раз освободился, и Адам, недолго думая, пригласил спутницу чего-нибудь выпить.

— Откуда вы приехали, Верет?
— Из Палермо, Сицилия. А вы, Адам?
— Из Израиля. Но до этого много лет жил в Нью-Йорке, а родился в Ленинграде.
— Серьезно? Я ведь тоже из России! Значит, можно не мучиться и говорить по-русски! — рассмеялась она. — Давай знакомиться заново, я — Вера.

Официантка принесла их заказ: капучино для Адама и какую-то маленькую бутылочку для Веры. Пробка с хлопком выскочила из бутылки, и бокал наполнился искрящимся напитком.

— Это итальянское газированное вино, — пояснила Вера. — Очень люблю его. Ты не против?
— Конечно, нет. Твое здоровье!

Они незаметно перешли на ты, и Адам наслаждался замечательным вечером и приятной беседой.

Он, правда, немного нервничал из-за того, что кроме горсти мелочи у него с собой не было денег. Он же вышел просто прогуляться перед сном, и не брал кошелек. Впрочем, если счет окажется больше, чем содержимое его карманов, то он сбегает через дорогу до отеля.

Его землячка оказалась из Нижнего Новгорода и рассказала Адаму свою историю жизни, сценарий которой знаком многим иммигрантам. И особенно иммигранткам.

Юной девушкой она мечтала выйти замуж за иностранца и очутиться в сказочной стране. Так и случилось, но действительность, как это и бывает, сильно отличалась от девичьих фантазий. Вера попала в типичную итальянскую семью, где всем руководила мама ее мужа. Свекровь не одобряла выбор своего сына, и невестка во всем и кругом была виновата. Однажды Вера, уже неплохо понимавшая по-итальянски, случайно услышала разговор матери с сыном:

— Сынок, я не возражала, когда ты привез из России эту вертихвостку. Но посмотри: она ведь ничего не умеет и не хочет учиться. Она не может приготовить даже простую пасту. Но главное, она не может родить тебе ребенка! А какая семья без детей? Я мечтала нянчить внучат, и что теперь? Сынок! Ты должен с ней развестись и жениться на хорошей итальянской девушке.

«Сынок» заступался за суженую: хоть и вяло, но протестовал. Однако Вера поняла, что рано или поздно его мать добьется своего. И отсутствие ребенка становилось в этом случае не проблемой, а благом. Да и с мужем после первых месяцев влюбленности отношения стали прохладнее. Вера все чаще задумывалась о будущем без него. Ее русская подруга, пройдя примерно такой же путь, в итоге развелась, открыла в Риме салон красоты и недавно позвала Веру к себе работать.

— А у тебя есть итальянское гражданство? — спросил Адам.

— Пока нет, но надеюсь, скоро будет. Муж обещал в любом случае — даже если разойдемся — помочь обустроиться здесь. Да, чувства уже не те, и мы не идеальная пара, но он неплохой человек… И вообще, что это мы все только обо мне? Расскажи немного о себе.

Ночь текла своим чередом, они общались и много смеялись. Вера все больше нравилась Адаму, и похоже, это было взаимно.

— Слушай, времени уже много, я сегодня очень устала, — задумчиво сказала она. — Давай встретимся утром и позавтракаем?

— Я бы с огромным удовольствием, но уже в семь должен быть в аэропорту — огорченно сообщил Адам. — Через несколько дней у меня встреча с коллегами-писателями в Черногории, и если бы я знал, что познакомлюсь с тобой, то точно сдвинул бы все остальные дела. Но, к сожалению, сейчас это уже невозможно сделать. Приезжай лучше ко мне в гости, в Израиль. В любое время, как пожелаешь! Я буду очень рад тебе!

Было заметно, что Вера расстроилась. Она помолчала, вздохнула и грустно улыбнулась:

— Хорошо. Может, и приеду. Давай обменяемся телефонами и электронной почтой.

Адам продиктовал ей свои контакты и записал ее электронный адрес на салфетке, так как мобильный, за ненадобностью, оставил в номере отеля вместе с кошельком.

Счет за напитки был небольшим, и нескольких монеток хватило, чтобы расплатиться с официанткой. Он проводил Веру до ее гостиницы, которая оказалась как раз в том месте, где они встретились сегодня. На прощание она его обняла, поцеловала в щеку и робко попросила:

— Напиши мне что-нибудь сразу, как придешь к себе в отель, хорошо?
— Конечно, не вопрос, — кивнул Адам. — Доброй ночи тебе.
— И тебе, — ее очаровательная улыбка была как будто прощальным подарком.

В номере «Римини» он первым делом сел за письмо. Оно получилось коротким, но говорящим само за себя: «Дорогая Вера! Спасибо за прекрасный вечер в этом дивном городе. Мне очень жаль, что не смогу позавтракать с тобой». Адам нажал кнопку «отправить» и… ничего не произошло. Вернее, компьютер сообщил, что такого адреса не существует. Адам проверил еще раз, верно ли написал e-mail, и повторил попытку. То же самое. И еще раз — с тем же результатом…

Это было больно. Он лег в кровать, но не мог заснуть. Зачем она так с ним? К чему было спрашивать контакты и давать несуществующий адрес? Он ведь не просил и особо-то и не рассчитывал на продолжение знакомства. К чему такая обидная ложь?

Он ворочался в постели, но сон так и не шел. А где-то через час ноутбук пиликнул знакомым звуком: новое входящее сообщение. Адам подскочил к нему и открыл пришедшее письмо: «Прости, я ждала твоего сообщения, но ты не написал… Поэтому решила сама написать тебе. Спокойной ночи! Твоя Вера». Лицо Адама расплылось в счастливой улыбке, а взгляд зацепился за адрес, с которого пришло послание. Вот дурак! Нет, ну надо же! Он неверно накарябал на салфетке электронную почту, это была его ошибка! Он быстро напечатал Вере новое письмо и объяснил причину своего молчания. Ответ от нее пришел тут же, и еще около часа они переписывались в почте. Наконец, Вера сказала, что уже засыпает прямо за клавиатурой, и они распрощались.

Глава 12. Прощай, Рим!

Так толком и не поспав, Адам ехал в аэропорт и кемарил у окна экспресса. В этот ранний час пассажиров почти не было. Ему удалось подремать, и когда поезд прибыл на конечную станцию, он чувствовал себя бодрым и отдохнувшим.

Пройдя необходимые процедуры досмотра и сдачи багажа, он отправился поглядеть, чем богат римский дьюти-фри. Он набрел на большой магазин электроники, и оказался там единственным покупателем. Продавец, скучавший за прилавком, тут же переключил все внимание на него.

— Подсказать что-то?
— У вас есть телефон «Эс-И» фирмы «Эппл»?
— Конечно, пожалуйста! Память — тридцать два мегабайта. Стоит четыреста сорок девять долларов.
— Ух ты, вот такой-то мне и надо! — обрадовался Адам, который и не чаял, что таки найдет нужную модель за адекватную цену.

После покупки нового телефона настроение у него пошло в гору, а следующее приобретение — баночка с волшебной надписью «Блок де фуа гра доитэ» — и вовсе заставило полюбить Рим еще сильнее.

Он пробовал раньше фуа-гра, но то было совсем другое дело — обычно под фуа-гра подразумевался паштет из утиной печени. А надпись на этой баночке говорила о том, что это целые кусочки печени гуся, прямиком из Страсбурга, аж двести граммов и всего за двадцать четыре евро! Адам пришел в неописуемое волнение и хотел купить две, а может и три упаковки. Но, во-первых, все-таки цена кусалась. А во-вторых, будет обидно потратить столько денег и обнаружить, что содержимое консервов того не стоило. В общем, он ограничился одной баночкой и был тем счастлив.

Дорога домой прошла без приключений. Адам немного волновался, как ее перенесут замороженные морепродукты, которые путешествовали с ним от самой Эльбы, но переживания оказались напрасны: сумка-холодильник знала свое дело.

Распаковав чемоданы, Адам выложил купленные подарки и удовлетворенно сел на диван. Он потягивал итальянское кьянти, наслаждался божественным вкусом французского фуа-гра, вспоминал свои римские каникулы и думал: как же хорошо, когда заканчивается одно приключение и сразу за ним тебя ждет другое…

Впереди поездка в Черногорию и слет коллег-писателей, встреча с которыми сулила не меньше впечатлений. Всего через неделю он будет там!

Часть вторая

Черногория

Глава 13. Подготовка к поездке в Будву

Тяга к книгам была у Адама всегда. Ребенком и подростком он читал запоем, да и когда повзрослел, его любовь к литературе не изменилась.

Однажды, в 80-х годах, он уже пробовал «встать по другую сторону баррикад» и поменять статус читателя на статус писателя. Тот опыт был бесценным: рукопись его первой же книги с кулинарными рецептами царской России украли и издали под другим именем.

Остальные попытки писать закончились ничем. Его прежняя жизнь была слишком суровой и неоднозначной. Он вырос один, без родителей, в холодном и подчас жестоком послеблокадном Ленинграде. Заботы о хлебе насущном, а затем желание пробиться наверх по карьерной лестнице в Америке, вылезти из бедности и нищеты не оставляли времени на новые пробы пера.

Адам надолго забросил попытки писать. Не хватало ни времени, ни сил, ни ресурсов на то, чтобы постигать премудрости еще одной профессии — писательской. А в том, что это профессия и настоящий труд, которому нужно учиться, он не сомневался.

Мечты о литературной карьере вернулись не так давно. Адама буквально захватила идея написать роман о непростых, удивительных, необыкновенных судьбах иммигрантов, покинувших СССР в 70-х годах и обосновавшихся в Нью-Йорке. Он сам был из этого роду-племени и не понаслышке знал о тяготах и взлетах многих «пришлых» людей.

Фантазия о том, чтобы написать такую книгу, настолько взбудоражила Адама, что он уже ни о чем другом и думать не мог. Много лет он всего себя посвящал бизнесу, заработку денег, семье и дочке, но сейчас у него хватало свободного времени и возможностей, чтобы сесть за работу над романом.

Сказано — сделано. Книга была написана на одном дыхании. И стало ясно, что это лишь первый том будущей трилогии. Адам радовался, как ребенок, своей рукописи, но понимал: этому мануалу еще далеко до совершенства. Сюжет расползался, герои повествования мельтешили и путались во времени и пространстве. Стало понятно: нужен хорошо прописанный план и крепкий стержень истории. Нужно, чтобы читатель понял, кто есть кто из героев. А также где, когда и почему.

Во весь рост встал вопрос — как сделать из вдохновенного опуса полноценную книгу? Ведь он понятия не имел о законах писательского жанра, тонкостях редакторской работы и подводных камнях книгоиздательского бизнеса. Но горел желанием узнать о них. Поэтому с присущим ему рвением и упорством взялся за изучение ситуации.

Он читал учебники по писательскому ремеслу, искал информацию в интернете и потихоньку набирался знаний, когда однажды, незадолго до отъезда на Эльбу, ему пришло письмо от одной энергичной, активной русской писательницы. Она планировала собрать в Черногории начинающих авторов для обмена опытом и обучения. Эдакая группа «братьев по разуму». Приглашение выглядело чрезвычайно заманчиво, а встречу предполагалось провести в начале октября.

Это-то и озадачило Адама. На сентябрь у него уже была запланирована поездка в Италию. А в конце октября — во Франкфурт, на международную книжную выставку. Ему хотелось провести разведку боем и посмотреть, кто делает погоду на мировом издательском рынке. И тут, аккурат между двумя этими путешествиями, появляется очень соблазнительная перспектива попасть на недельный курс прокачки литературной мышцы...

Что делать? Отменить ни одну из поездок нельзя. Но и пропускать литсеминар в Черногории тоже не хочется! Он просто не мог упустить такую возможность: пообщаться с коллегами в доброжелательной обстановке, научиться чему-то новому, завести новые полезные связи и контакты.

Вносить коррективы в прежние планы было поздно. Поэтому Адам, подумав, просто добавил в свой календарь еще одну поездку. Три путешествия за два месяца, конечно, многовато, но что поделать, раз так карта ложится?

Про Черногорию Адам много слышал. В основном то, что россияне вкладывают целые состояния в тамошнюю недвижимость. Разумеется, только те, кто умудрился нажить эти состояния. Также известно, что прибрежный городок Будва, где и пройдет встреча начинающих авторов, славится отличным климатом и превосходной морской кухней. Последний аргумент окончательно решил дело в пользу поездки.

Писательский марафон должен был проходить с двадцать девятого сентября по шестое октября, и Адам забронировал билеты на самолет и апартаменты согласно этим датам. Однако, как это часто бывает, человек предполагает, а бог располагает: все пошло не так.

Первым сюрпризом стало сообщение от авиакомпании, которая отменила рейс на двадцать восьмое сентября и предложила другие даты. Как оказалось, в Черногорию в это время года летает не так уж много самолетов. Пришлось поменять расписание и взять другие билеты. Поездка будет на три дня больше запланированного и дороже… Но будет же!

Второй щелчок по носу дала «израильская военщина», как ее окрестили журналисты, резко отзывающиеся об Израиле в целом и о его правительстве в частности. Это самое правительство состоит из различных коалиций, и не последнюю скрипку в политическом оркестре играет религиозная партия. Одна из ее догм — запрет на любую трудовую деятельность в субботу. Дескать, день святой и должен быть отдан молитвам.

А тут железнодорожники как раз задумали пустить новую ветку до Иерусалима, и чтобы успеть к сроку, решили работать по субботам. С точки зрения бизнеса — логичное решение. Но не с точки зрения религии. В итоге железнодорожникам законодательно запретили паять, чинить и строить что бы то ни было во время шабата. Потому что в этот день думать надо о высокодуховном, а не о том, как половчее шпалы положить. Но решение проблемы нашлось: чтобы успеть к дедлайну, руководство железной дороги отменило вечерние поезда, и все ремонтные работы проводили по ночам.

И все бы ничего, но добраться до аэропорта Адам мог только на поезде. А если на такси, то и в «штатном режиме» пришлось бы раскошелиться изрядно, а уж в теперешних условиях и подавно: таксисты взвинтили цены до поднебесья.

Самолет в Черногорию улетал в три часа ночи. Это значило либо ехать на поезде сильно загодя и с вечера куковать в аэропорту, либо заказывать машину на час ночи. Но в последнем варианте надо учитывать элемент риска: то шофер заболеет, то авария, то поломка. А опаздывать на рейс никак нельзя: следующий самолет будет только через четыре дня. В общем, Адам ломал голову, как решить эту задачу с наименьшими потерями и вспоминал поговорку опытных и бывалых: «Пусть это будет твоя самая большая проблема».

Он было уже решил ехать такси, когда в день отъезда позвонил племянник:

— Дядя Адам, ты слышал, что поезда пустили раньше срока? Да еще прямые, без пересадок! Посмотри в интернете расписание. Сегодня ночью есть поезд: как раз тебе подходит.

Это был настоящий подарок судьбы и железнодорожников! Выходило, что племянник сможет отвезти на вокзал Адама, и он спокойно доберется до аэропорта к нужному времени.

Чемоданы были собраны, все предусмотрено и перепроверено. Электричество выключено, окна-двери закрыты. Билеты, паспорта, документы приготовлены, лежат на столе — только в карман положить осталось.

Ровно в половине двенадцатого подъехал племянник, и Адам вышел на пустынную темную улицу: в его городке жители рано ложились спать.

До вокзала недалеко, от силы минут двадцать езды. А поезд — через сорок пять. Так что можно было не спешить. Насвистывая, племянник вел автомобиль и расспрашивал дядю о грядущей поездке:

— Ну что, готов к встрече с собратьями по перу?

— Хоть и не был пионером, но к такому я всегда готов!

— Слушай, а валюта в Черногории какая? Ты узнавал?

— Конечно. Там евро в обращении.

— А виза нужна?

— Нет, безвизовый режим. Только паспорт... — при этих словах Адам схватился за голову. — Стой! Поворачивай назад! Ну что я за идиот! Тормози, говорю! Я документы и билеты на столе забыл! Нет, это ж надо, а?

— Ну ты даешь, — усмехнулся племянник и вывернул баранку. — Да не переживай, успеем! Минут семь потеряем, не больше.

И правда, они успели. Накладка получилась волнительной, но не критичной. Адам сел в поезд и, пристроив рядом чемоданы, под мерный стук колес отправился в очередное узлекательное путешествие.

Глава 14. Будва

В аэропорту «Бен Гурион» все прошло по знакомому сценарию, но слегка подкорректированному, потому что народ, прознав о пущенных ночных поездах, валом повалил сюда именно ночью, не утруждая себя заблаговременным приездом.

Как водится, очередь на регистрацию рейсов была огромной: авиакомпания «Эль-Аль» по своему обычаю не разделяла пассажиропоток в зависимости от того, кто, куда и как скоро должен лететь. Этот порядок (а точнее, по мнению Адама, беспорядок) нервировал, но что поделать… Наконец после расспросов секьюрити Адам получил заветную бирку на чемодан, сдал его в багаж и занял очередь на досмотр ручной клади. Она извивалась и медленно ползла, словно уставшая дряхлая змея. Но вот и Адам оказался у заветных «рентгенов» и металлодетекторов. Он набрал на кодовом замочке саквояжа нужные цифры и… ничего не произошло. Замок остался закрытым. Он пробовал снова и снова — ведь всегда использует только эту комбинацию! Почему не открывается?! Да что же за непруха такая с этими чемоданами! То они теряются, то ломаются, а теперь вот еще и замок не поддается!

Люди позади Адама начали проявлять нетерпение: он явно задерживал очередь и заставлял нервничать и пассажиров, и персонал, и службу безопасности. Его пальцы тем временем судорожно перебирали все мыслимые и немыслимые варианты. И вдруг — о чудо! — замок щелкнул и открылся. Адам шумно выдохнул и вытер пот с лица:

— Ах ты, гад! Нет, спасибо, конечно, что сдался в итоге. Но твоя судьба решена, замочек, — утоплю тебя в унитазе.

Сотрудник службы досмотра покосился на Адама, и тот поспешно добавил:

— Шучу-шучу!

Да уж. Не хватало еще, чтобы за порчу имущества аэропорта привлекли.

Миновав все препоны, Адам решил, что после всех перенесенных испытаний заслужил большую чашку капучино. Потягивая кофе, он ожидал, когда пригласят на посадку и смотрел обычное для любого аэропорта шоу: задержка рейса из-за опаздывающего пассажира. Этот «сериал» часто видят люди, которые много путешествуют. Адам поглядывал на мечущихся работников авиакомпании, слушал объявления по громкой связи, настойчиво повторявшие фамилии незадачливых пассажиров, и радовался, что хоть в этом спектакле ему не досталась главная роль. А вскоре он уже сидел в самолете и готовился к встрече с Черногорией.

Бортпроводник сообщил, что самолет заходит на посадку, и Адаму показалось, что они пикируют прямо в море. Внизу расстилалась водная гладь безо всякого намека на твердую почву. Лишь в последний момент стало ясно, что «Боинг» не превратился в гидроплан — он выпустил шасси и приземлился на невесть откуда взявшуюся взлетно-посадочную полосу.

В вестибюле аэровокзала Адама ждал Майкл — хозяин забронированных апартаментов. В Черногории это было в порядке вещей, когда владелец арендуемого жилья встречает и провожает своих постояльцев. Майкл, несмотря на англоязычное имя, оказался типичным представителем своего народа. Адаму подумалось, что на самом деле его зовут иначе, и «Майкл» — это просто дань вежливости, так сказать, для удобства гостей. Он говорил по-английски с забавным акцентом, немного коверкая язык и иногда вставляя русские слова, но при этом речь была понятной. По крайней мере, никаких проблем с общением не возникло. Более того, они тут же поладили и перешли на ты.

От аэропорта до прибрежного городка Будва оказалось недалеко. Дорога, проложенная меж скал, была извилистой. Из окна черного фольксвагена открывались шикарные панорамные виды, натурально — картинка из кино. Синее море, ослепительно бликующее на солнце. Горы, поросшие густым зеленым лесом. Деревеньки, сплошь состоящие из белых домиков с красными черепичными крышами, которые спускаются «ступеньками» к рыбацким причалам. Удивительной красоты природа и замечательная погода подняли бы настроение даже последнему мизантропу.

Машина въехала в очередной населенный пункт, который оказался больше предыдущих.

— Будва! Мы почти на месте, — сообщил Майкл.

Через несколько минут фольксваген, попетляв по улочкам, остановился перед зданием с вывеской «Графские апартаменты». Оно было трехэтажным и находилось на возвышении. С террасы открывался захватывающий вид на горы, бухту с корабликами и море, уходящее за горизонт.

— Адам, твоя квартира-студия наверху, оттуда тоже открывается прекрасный вид и есть все необходимое для беспечной жизни в отпуске. Пойдем, покажу, — сказал Майкл, вытаскивая чемодан гостя из багажника машины.

— Да-да… — покивал Адам, все еще зачаровано глядя на нереальную красоту с террасы «Графских апартаментов».

— Похоже, тебе тут нравится, — улыбнулся Майкл. — Кстати, если захочешь, могу предложить эти апартаменты, с террасой. Тут есть спальня, гостиная, большая кухня и королевский санузел. Номер как раз освободился. Но правда, он не только просторнее, но и дороже, чем студия наверху.

Мужчины поднялись на третий этаж, и Адам убедился, что забронированная им квартирка была приятной, чистой и весьма уютной. Однако вариант с террасой его покорил сразу, и мысль о том, чтобы обустроиться именно там, не давала покоя. Поэтому, когда Майкл сообщил, что согласен сделать небольшую скидку, если Адам возьмет «нижние» апартаменты, сомнения были отброшены в сторону: гулять так гулять!

Адам заселился в номер с террасой, а Майкл, чья квартира располагалась этажом выше, пригласил его перекусить и выпить с дороги. Тарелка с тончайшими ломтиками сыра, прошютто и бутылка местного вина окончательно убедили Адама, что он сделал правильный выбор жилья. Закуски таяли во рту, а красное вино превзошло все ожидания. Вообще, Адама немало удивила черногорская действительность. Он почему-то был уверен, что здесь силен славянский дух, но оказалось, что эта страна больше похожа на Италию, чем на филиал бывшего СССР.

— Как тебе пршт? — спросил Майкл.

— Что?

— Пршт. Нравится? — Майкл, как бы поясняя свой вопрос, поднял вверх вилку с наколотым на нее ломтиком вяленого мяса.

— А-а, прошютто! — догадался Адам. — Очень вкусно! Отменно! Я бы хотел купить такой же… пршт. Правильно произнес?

— Да, правильно! Я покажу тебе, где он продается. Вообще лучше покупать продукты на рынке. Если хочешь, пойдем прямо сейчас.

— Хочу, — тут же согласился Адам и признался. — Рынки и хорошие продуктовые магазины — моя слабость. А уж тем более, если там есть такой «пршт»!

Адам не без труда мог произнести это словечко. Хотя в иврите тоже имеется проблема с гласными — многие слова пишутся без них. Но все-таки они там подразумеваются и произносятся. А тут, в Черногории, и писали, и говорили именно так — одними согласными. Чудно.

Впрочем, если остальные продукты, как и «пршт», окажутся такого же качества, Адам был согласен разговаривать согласными!

Глава 15. Центральный рынок Будвы

Пока они спускались от «Графских апартаментов» к набережной, Адам обратил внимание, что на домах нет не только нумерации, но и даже названия улиц. Эдак и заплутать недолго! И кстати, как он найдет адрес, где будут проходить его литературные занятия, если нет ориентиров?

— Майкл, а далеко отсюда улица Максима Горького? Мне через три дня нужно попасть туда, но теперь и не представляю, как это сделать: ни одной таблички ведь нет! Правда, мне обещали прислать точный план, как добраться до места. Но все равно… Странно как-то.

— Да, у нас это не принято. Так повелось… А улица Максима Горького — это та, по которой мы сейчас идем. Так что твои занятия где-то неподалеку будут проводиться. Кстати, если захотите — можете заниматься на террасе. Там много места, нежарко, и если сдвинуть два стола, то ваша группа поместится. А я вас угощу ракией и виноградом.

— Ого, спасибо, Майкл! Ты очень добрый и гостеприимный хозяин. Я разузнаю, как и что у нас будет, и обязательно передам твое предложение коллегам.

Так за разговорами они вышли к зданию Центрального рынка, поражавшему количеством торговых рядов и изобилием товаров. Продавцы наперебой угощали покупателей и предлагали отведать их продукцию. Свежие и сушеные фрукты и овощи, корзины с маслинами и батареи бутылочек с оливковым маслом, домашние сыры, копченое и вяленое мясо, творог всех сортов и видов, вино и ракия.

Адам попробовал сыр твердый и мягкий, копченый и с различными добавками. Все было необычайно вкусно, а выбор шикарный. Его поразили огромные мешки из прозрачного полиэтилена, наполненные нарезанными сухими белыми грибами. Такое он видел только в Генуе, в Италии, на рынке «Ориентал Маркет». Да и то — тамошние «порчини» были не в таких количествах.

А у следующего отдела — с морепродуктами — Адам просто завис. И надолго. Он рассматривал диковинных морских рыб, креветок всех размеров, устриц и лангустов, осьминогов и угрей. И еще множество разных морских гадов и рыб, названий которых даже не знал. Все это великолепие, выложенное на горы колотого льда, завораживало не только его, но и, как он успел заметить краем глаза, других туристов, явно менее искушенных, чем он сам. У него же слюнки текли, пока он пытался усмирить жадность и желание купить сразу все. Понятно, он будет заглядывать на этот рынок ежедневно и каждый раз покупать что-то новое на пробу.

— Адам, пойдем, — позвал его Майкл и по-доброму рассмеялся, увидев его глаза. — Вернешься сюда попозже. Экскурсия еще не закончена! Я хочу показать тебе, где продают самые лучший сыр и пршт.

Адам с трудом оторвался от созерцания рыбных рядов и последовал за своим гидом. Он заметил, что Майкла знали все вокруг. Тот останавливался и разговаривал то с одним, то с другим продавцом или местным жителем. Народ был удивительно благожелательный, и стало ясно, что все давно и хорошо знакомы между собой.

Они остановились возле длинной холодильной витрины, половина которой была наполнена кругляшами сыров, а другая половина — вяленым и копченым мясом. За этим огромным стеклянным прилавком работало сразу четверо продавцов в белых передниках, а рядом разгуливали две девицы с подносами в руках. Они предлагали всем желающим отведать сыры, колбасы и мясо, нарезанные маленькими ломтиками и кубиками и аппетитно выложенные на подносы.

От представленного выбора разбегались глаза, и хотя Адам уже напробовался всего так, что, казалось, никакого обеда и ужина не понадобиться, но отказаться не смог. Он отведал несколько видов сыра и мяса и решил купить те же самые сорта, которыми его угощал Майкл. Тот передал пожелания Адама продавцам, и они тут же взвесили по полкило заказанного сыра и пршта и превратили их в тончайшую нарезку, по одному виду которой становилось ясно, как вкусно она будет таять на языке.

Следующий экскурсионной целью стал супермаркет. Майкл сказал, что он очень близко, и действительно, оказалось — дверь в дверь с Центральным рынком. Первое же, что поразило Адама: все то же изобилие и свежесть продукции. Казалось бы, рынок — это такая конкуренция для магазина, да еще прямо под боком у него. Но судя по всему, и там, и там торговля шла бойко и неплохо.

В супермаркете Адам хотел купить салат радиччио (которого не оказалось на рынке), а также бальзамический уксус и оливковое масло (про которое забыл напрочь, засмотревшись на морепродукты). Он сообщил Майклу об этом и тут же стал свидетелем того, к чему постепенно начинал привыкать: этого мужчину почему-то беспрекословно слушался не только обсуживающий персонал, но и вообще все окружающие. Они мгновенно и чуть ли не подобострастно бросались исполнять его желания и просьбы, да с таким рвением, которое заставило Адама задуматься: а кто он, этот Майкл? Может, очень уважаемый в городе человек? Или это просто такой местный обычай? Странно… Он обязательно спросит об этом позже, когда будет удачный момент.

Салат радиччио, к радости Адама, нашелся в супермаркете. Также он прикупил болгарский перец, помидор, моцареллу, козий творог, кукурузный хлеб и оливковое масло. По совету своего провожатого-гида и домовладельца он приобрел бутылку местного хорошего вина. Для счастья и для ужина не хватало только «крема де бальзамико».

По мановению руки Майкла тут же появилась сотрудница магазина, которой он и объяснил задачу. Та бросилась искать по всем полкам и витринам заветную бутылочку бальзамического уксуса. И откуда-то с верхней полки достала одну.

— Вот, есть! Лучший бальзамический уксус! — девушка торжественно вручила ее Адаму, как великую драгоценность.

— Нет, не совсем то… Это — просто бальзамический уксус, а я ищу крем. Он тоже как уксус, но сгущенный до состояния сливок…

Едва Адам закончил объяснять, как сразу пожалел об этом. Майкл что-то сказал на своем диалекте, и все вокруг пришло в какое-то невообразимое движение. В торговом зале появился директор магазина, работники засуетились. Часть их побежала в подсобное помещение, а часть принялась со рвением искать несчастный уксус по дальним углам магазина. Адаму стало ужасно неудобно и неловко от того, какую кутерьму он затеял. И он принялся всех, и в первую очередь Майкла, уговаривать, что его вполне устроит обычный бальзамический уксус. Однако Майкл уверил, что директор уже куда-то звонит и сейчас все решится. Адам окончательно сконфузился и мечтал только о том, чтобы поскорее уйти, — ну надо же, столько проблем создал людям этим дурацким крем-уксусом! Наконец, появился расстроенный директор, долго рассыпался в извинениях и сказал, что даже на складе, увы, нет желаемого «крема де бальзамико». Адам заверил его, что он проживет и на обычном бальзамическом уксусе, и вопрос на этом был закрыт.

Его очень смутило такое преувеличенное внимание окружающих к его потребностям. Господи, он обычный турист, а это — обычный магазин и обычная покупка продуктов! Нет, нужно расспросить его радушного хозяина, чем вызвано такое поведение местных жителей. Что-то тут явно не так.

На обратном пути он задал свой вопрос:

— Я заметил, тебя тут все знают…

— Да, город ведь небольшой. А я до несчастного случая был начальником полиции.

— Несчастный случай? Ты попал в аварию?

— Не совсем… Во время охоты свалился в ущелье, сломал ногу, и меня нашли только на третий день. Я поправился, но кости неправильно срослись, и нога теперь частенько болит. Да ты, наверное, заметил — я прихрамываю.

— А что врачи говорят? Разве ничего нельзя сделать?

— Можно, но не у нас. Такие операции проводят в Европе или в Израиле, но стоят они как чугунный мост. Я не могу себе это позволить.

Они замолчали. Каждый думал о своем.

Адам размышлял о том, как ему повезло, что он переехал в Израиль, где скромная по стоимости страховка покрывала все медицинские расходы. И врачи действительно были самого высокого класса. Он знал об этом не понаслышке.

Как-то ему делали операцию на глазу: меняли хрусталик. Адам провел двадцать минут на операционном столе, после чего его отвезли в палату, выдали бутерброд и через четверть часа, убедившись, что пациент прекрасно видит, его выписали. Он вышел из госпиталя, сел в автобус и поехал домой, не переставая удивляться, что все прошло так быстро, а главное — без всякой боли или рези, без каких бы то ни было неприятных последствий. Медицина реально была на высшем уровне.

Понятно, что при таком высокопрофессиональном подходе в Израиле процветал так называемый медицинский туризм. Люди приезжали из разных стран для лечения, хотя это стоило действительно больших денег. Но Майкл — бывший глава полиции города и явно не из бедных. Он хозяин отеля на одиннадцать номеров. И еще, как сам рассказывал, у него фермерское хозяйство в горах: виноградник и пасека. Вроде мог бы потратиться на операцию? Но, вероятно, нет. И для иностранцев это стоит целое состояние.

Глава 16. Будва. Старый город

На следующий день Адам, как обычно, проснулся рано. Солнце уже успело позолотить утренним светом горные леса и синюю гладь моря. Адам вышел на террасу и наслаждался видом — ну точно картина для кисти художника или объектива фотоаппарата. Привыкнуть к такой красоте, пожалуй, просто невозможно: она будет захватывать дух каждый день, проживи здесь хоть всю жизнь.

После зарядки и утренних процедур Адам приготовил любимый завтрак: моцарелла, йогурт, два хрустящих тоста — один с прошютто, а второй с яйцом пашот. Плюс большая чашка свежезаваренного кофе. Он ел, сидя за столом на террасе, любуясь на пейзаж и строя планы на сегодня, когда появилась моложавая женщина в шортах и тенниске, обтягивающей округлую грудь. Женщина мило улыбнулась и затараторила на смеси английского языка и местного диалекта.

— Доброго дня! Я Илона. Мне говорить про вас Майкл, мой босс. Вы — жить здесь, а я — убирать. Вы еще спать?

— Здравствуйте, Илона! Нет, я рано встаю. Вот поем и собираюсь погулять по городу.

— Очень хорошо! Обязательно сходить в старый город — там красиво! Я иметь ключ от апартаментов. Кушайте, я приду потом, когда вы гулять.

Майкл объяснял ему, как добраться до центра Будвы и старинной крепости на побережье, — форта, который в прежние времена защищал город от вражеских нашествий с моря. Адам, следуя маршруту, без проблем нашел дорогу. Путь пролегал мимо Центрального рынка и супермаркета. Рядом находился магазин электроники, а рекламная вывеска сообщала, что здесь можно подключить мобильный телефон к сети местного оператора. Адам решил, что купить «симку» будет разумно: как-никак еще десять дней впереди, связь наверняка понадобится. Он так и сделал и очень удивился, что с него взяли всего пять евро. В Ницце, помнится, содрали пятьдесят за такую же услугу, а позже еще оказалось, что та французская сим-карта не работала в роуминге. А тут, в Будве, за пять евро — полный комплект мобильных услуг, бесперебойная связь, да еще и интернет. А на закуску — благожелательная улыбка и вежливое обслуживание, к которым Адам уже начал привыкать как к норме здешней жизни.

Он вышел на набережную и направился в сторону Старого города. По дороге встретился магазин, предлагающий широкий ассортимент чемоданов и сумок. Мимо такого Адам не смог бы пройти, даже если бы захотел. С тех пор, как «чемоданный вопрос» стал чуть ли ни постоянным на повестке дня, Адама невольно тянуло в магазины вроде этого.

Внутри оказалось немноголюдно. Точнее, он был единственным покупателем, и продавщица со всех ног кинулась к нему. Что, впрочем, неудивительно: отпускной сезон подходит к концу, уже конец сентября, туристов мало, а желающих раскошелиться на новый чемодан — и подавно. Адам охладил пыл продавщицы, сказав, что хочет просто посмотреть товар. Он «просто посмотрел» и ахнул, когда увидел на витрине великолепный дизайнерский чемодан с огромной скидкой, который стоил всего пятьдесят девять долларов! А он-то, дурак, отвалил в Риме триста пятьдесят за вещь, которая была похуже этой. Нет, ну сплошное расстройство с этими чемоданами. Даже те, которые ему не принадлежат, и они умудряются огорчать его! Он с сожалением бросил последний взгляд на красавца, попрощался с продавщицей и пошел прочь.

Шагая по набережной, Адам разглядывал типичную туристическую картину: магазинчики, сувенирные лавки, кафешки, экскурсионные бюро — все то, что обычно составляет атрибутику отпускной жизни у моря. Вскоре он оказался на площади перед громадной крепостью — многовековым сооружением, внутри которого и находился Старый город. Каменная кладка стен с бойницами опоясывала его, и проникнуть туда можно было через небольшие арки, находящиеся друг от друга на некотором расстоянии вдоль всей стены. Адам вошел внутрь и увидел многочисленные узкие улочки, разбегавшиеся в разные стороны. Их ширина не превышала полутора метров, и раскинув руки, можно было дотянуться пальцами до домов. В них, судя по всему, жили люди, а часть старинных зданий представляла собой мини-отели. Почти каждая дверь вела в кафе, ресторанчик или магазин.

Адам бродил по историческому центру, пока не заметил, что все улочки рано или поздно устремляются в одном и том же направлении. Он решил посмотреть, что там такого? И вышел на мощеную булыжником большую площадь, в середине которой возвышалась православная церковь. Зрелище впечатляло. Возможно, из-за того, что туристов было раз-два и обчелся, очень ощущался могучий дух времени, атмосфера и энергия этого места.

Налюбовавшись на архитектуру Старого города, Адам вышел из крепости и, миновав пирс с шикарными яхтами, прогулочными корабликами и рыбацкими лодками, направился обратно к Центральному рынку. Пора выбирать, что приготовить сегодня на обед!

Как и накануне, у него глаза разбежались от изобилия продуктов и захотелось попросить: «Заверните мне, пожалуйста, весь рынок». Но он взял себя в руки и в отделе морепродуктов остановил свой выбор на дорадо — по крайней мере, понятно, как ее готовить. Пока ему чистили и потрошили крупную пучеглазую рыбину, Адам вдобавок к ней взял шесть устриц и шесть королевских креветок, которых в Черногории, как и в Италии, называли гамбио. В овощном ряду он купил салат романо, пару лимонов и, предвкушая знатный обед, отправился домой.

Там его ждали два сюрприза. Во-первых, апартаменты блистали чистотой, а в ванной комнате висели свежие полотенца. Илона не обманула: пока он «гулять», она действительно все тут «убирать» по полной программе.

Второй сюрприз тоже оказался приятным: пришло письмо от организатора литературных курсов, Элеоноры. В нем говорилось, что следующим вечером состоится первая встреча и знакомство членов группы, а также указывалась схема, как добраться до места, где будут проходить занятия.

И тут Адам впервые поймал себя на мысли, что толком не задумывался о будущих коллегах-сокурсниках, с которыми предстояло плотно общаться всю будущую неделю. Он знал, что участников будет человек десять и единственное, что объединяло всех, — желание изучать писательское ремесло. Каковы же возраст, опыт и подготовка этих людей, он понятия не имел. «Ну вот завтра все и выяснится, — думал он, разбирая покупки. — А сейчас самое важное — приготовить шикарный обед!»

Адам достал специи, которые привез с собой: морская крупная соль, черный перец в мельнице, розмарин, тимьян и лавровый лист. Собираясь в поездку, он, как всегда, взял с собой этот походный набор, так как привык подстраховываться и не рассчитывал, что местные магазины и рынок будут столь прекрасны.

Дорадо, начиненная ароматными травами, натертая солью и перцем, отправилась запекаться в духовку. Очищенные гамбио обжаривались в оливковом масле с шинкованным чесночком. Открытые раковины устриц Адам полил свежевыжатым лимонным соком — больше ничего этим моллюскам и не требовалось. Ну разве что бокал вина или шампанского. Адам достал бутылочку привезенного красного сухого и открыл ее. Он знал, что нарушает все каноны: красное вино к морепродуктам — это же моветон! Но к белым винам он относился прохладно. Зато к красным — очень трепетно. И потому в свои путешествия брал из дома несколько бутылок хорошего вина, которые заранее тщательно отбирал во время поездок на винзаводы или искал в израильских магазинах. Понятно, что ему бы в голову не пришло тащить такую тяжесть во Францию или Италию: все равно как ехать в Тулу со своим самоваром. Но про Черногорию он практически ничего не знал, потому и подстраховался. И не напрасно. Местное домашнее вино, конечно, неплохое, но для такого обеда, который предстоит, требовалось что-то надежное, опробованное и высшего качества. Да, чревоугодие — грех, но, черт возьми, когда морепродукты приготовлены с умением, а главное, с желанием получить наслаждение от них, то все простительно. Тут уж, скорее, грешно не попраздновать!

Глава 17. Морской черт

Остаток дня прошел спокойно и размеренно — в работе над книгой и в мыслях о завтрашней встрече с собратьями по перу. Поскольку общий сбор и первое занятие Элеонора назначила на вечер, то выходило, что у Адама был целый день, чтобы еще побыть туристом, а потом уже сесть за «парту».

С утра снова пришла Илона, и опять радостно сообщила, что «она убирать, пока он гулять». Адам и правда собирался сделать вылазку из дома в том же направлении, что и накануне. Хотелось еще побродить по улочкам Будвы и непременно заглянуть на рынок — посмотреть, чем сегодня порадует его ассортимент. Адам был готов к экспериментам и решил, что должен отведать на обед нечто необычное, чего раньше не пробовал.

Во время прогулки по городу он зашел в приглянувшийся продуктовый магазинчик и был приятно удивлен, увидев на прилавке бальзамический уксускрем. Он насчитал всего шесть бутылочек — похоже, администрация магазина не рассчитывала, что этот товар будет пользоваться популярностью. Адам взял все и отнес добычу на кассу. Старичок, стоявший в очереди позади него, увидев такую оптовую закупку, поинтересовался, вкусный ли этот соус, для чего он и сколько стоит? Адам охотно рассказал о прелестях «крема де бальзамико», и дедушка был явно поражен знаниями нюансов и такой любовью к уксусу.

Далее по программе было посещение рынка. Адам уже по-свойски прошелся вдоль рядов и замер как вкопанный перед отделом морепродуктов. Сегодня здесь появилась рыбина, на которую даже смотреть было страшновато. Ее тело напоминало плоскую камбалу с черным верхом и серым брюхом. Сверху торчали два огромных выпученных глаза, а широко разинутая пасть была утыкана длиннющими иголками зубов.

— О господи! — воскликнул Адам. — Как это называется? Да такое чудище в руки-то боязно брать!

— Это морской черт, очень вкусная рыба! — улыбнулся продавец.

— А как ее готовить?

— Очень просто: надо содрать шкуру с нижней стороны, а потом варить в воде, но недолго. А если на овощном бульоне приготовите, еще вкуснее выйдет. Берите, не пожалеете!

— Ох, уговорили! Как раз хотел что-нибудь новенькое попробовать. Давайте вашего черта. И еще полдюжины устриц — уж больно они у вас хороши…

Прикупив для морского черта «аккомпанемент» в виде репчатого лука, морковки и сельдерея, Адам вернулся домой и принялся за готовку. Овощи отправились вариться в кастрюлю. Морского черта Адам решил сперва сфотографировать — не каждый день такое чудо-юдо увидишь! Выложенная на столе, с мутно-голубыми глазами на выкате и с устрицей в зубах — зверюга выглядела точно монстр из кошмара. Оставалось надеяться, что на вкус она будет лучше, чем на вид.

Подцепив кожу на брюхе рыбы, Адам легко снял её «чулком» и опустил тушку в кипящий овощной бульон. Следом туда же отправились ароматные травы, специи и половина бокала вина. По кухне распространился чудесный аромат, а Адам тем временем приготовил салат и открыл устрицы. Увы, сегодня без вина — впереди встреча с незнакомыми людьми, и ему не хотелось произвести неправильное впечатление.

Наконец все было готово. Морской черт, благоухая, перекочевал из кастрюли с ароматным бульоном на большую плоскую тарелку. Адам снял пробу и понял, что не ошибся с выбором и не зря доверился продавцу: рыба оказалась очень вкусной и сытной. Настолько, что он, который привык не ужинать, но очень плотно обедать, не смог одолеть и половины. Большая часть морского черта осталась на завтра.

После такого пиршества потянуло в сон. До начала занятий времени было достаточно, и Адам устроил себе сиесту — в конце концов, этому правилу следуют даже местные, а уж туристам и подавно положено придерживаться курортного расписания!

Сладко вздремнув, он принял душ, выпил горячий кофе и почувствовал себя свежим, бодрым и готовым к знакомству с коллегами.

Глава 18. Курс литературного мастерства

Схема, которую прислала Элеонора, была наглядной и удобной. А поскольку «Графские апартаменты» находились на той же улице, где и особнячок, в котором проводились литературные занятия, то добраться до места сбора оказалось проще простого. Как выяснилось, от порога до порога было меньше пяти минут пешком.

В назначенный час Адам поднялся по лестнице, постучал в импровизированную дверь и очутился на просторной веранде, где уже было несколько человек. Элеонору он узнал сразу, так как видел ее фото на писательском сайте и к тому же общался с ней, когда согласовывал свое участие в этом мероприятии. Остальной народ был незнаком ему, да и между собой, похоже, тоже. Было заметно, что собравшиеся чувствуют себя слегка напряженно и как будто чего-то ждут.

Элеонора поздоровалась и пригласила всех присаживаться за стол, стоявший посреди веранды. Адам присел на свободный стул, и остальные — в основном женщины — тоже заняли свои места.

— Здравствуйте, друзья! — начала Элеонора. — Рада вас видеть здесь, давайте знакомиться! Обо мне вы уже немного знаете. Я русский писатель, хотя давно уже живу в Соединенных Штатах. Мои книги издаются на нескольких языках, а также я веду обучающие курсы и семинары, которые помогают начинающим авторам постичь премудрости профессии писателя.

Она рассказала немного о себе и представила Оксану — симпатичную молодую брюнетку, которая была ее помощницей, секретарем и фотографом в одном флаконе.

— Задача Оксаны, — пояснила Элеонора, — сделать наши занятия удобными и комфортными, поэтому по всем техническим вопросам обращайтесь к ней. Если кто-то хочет чай, кофе или чего-то покрепче — не стесняйтесь.

Народ вежливо улыбнулся, а Элеонора предложила выпить немного вина за знакомство, и все дружно поддержали. Оксана вынесла из дома на подносе пластиковые стаканчики с красным вином, и каждый пригубил свою порцию. После этого люди стали немного расслабленнее, атмосфера раскрепощеннее, а общение потекло живее.

— Итак, продолжаем знакомиться, — сказала Элеонора. — Кто следующий расскажет о себе? Даша, давай начнем с тебя?

Она вопросительно посмотрела на молодую миловидную женщину, сидевшую по левую руку от нее. На той были джинсовые шорты, спортивная майка, а русые волосы были стянуты в тугой хвост на затылке. На коленях Даша держала большой блокнот, куда делала пометки.

— Да, конечно. Спасибо, Элеонора, — согласилась она и кратко представилась.

Она жила в Чехии, имела уже изданные книги, а ее самый большой и сложный роман только недавно увидел свет.

— Я писала его шесть лет и приехала на эти курсы, чтобы узнать, как эффективнее продвигать его на западном рынке.

— Ничего себе, шесть лет?! — удивился кто-то из собравшихся. — Это очень долго!

— Да, большое, серьезное произведение требует большой, серьезной работы. А у меня к тому же семья и маленькие дети, — пояснила Даша, а Элеонора добавила:

— Чтобы написать хороший роман, требуется не один год, так что эти цифры закономерны.

— Я такого даже представить не могу, — удивился вслух Адам. — Как же можно писать такой труд, если дома полно детей? Они же постоянно требуют внимания. А еще нужно готовить, кормить, убирать! Как сказал один сатирик: «Писать можно только в одиночестве». И я с ним согласен…

— Я тоже с ним согласна, — откликнулась Даша. — Я люблю свою семью, и мне нравится заботиться о ней. А для того, чтобы писать, есть ночь — в это время никто не мешает. Несколько часов тишины, когда я посвящаю себя любимому делу.

«А спать когда?» — подумал Адам, но промолчал.

Дальше слово перешло к Саше — очень высокой, худощавой молодой женщине с короткой стрижкой, в кружевной белой блузке, которая подчеркивала некоторую бледность кожи. Саша приехала из Германии и писала прикладные книги по семейной психологии. У нее, как и у Даши, уже был за плечами опыт работы с издательствами, но также без ощутимых финансовых результатов. Поэтому Саша приехала в Черногорию на семинар, чтобы узнать побольше об этой стороне вопроса.

Следующим оратором была Люда — полноватая, среднего роста шатенка с глубоким декольте и резковатыми движениями. Адаму почему-то показалось, что она привыкла всем и всеми командовать.

— Мне пока хвастаться нечем, — пожала плечами Люда. — Я пишу короткие рассказы и приехала сюда, надеясь научиться хорошо писать. У меня есть другая профессия. А это так, для души.

Дальше наступила очередь Адама.

— Я родился в России, потом переехал в Нью-Йорк, а последние годы живу в Израиле. Писать стал недавно и надеюсь, что здесь, на курсах научусь чему-то полезному. У меня есть несколько книг. Они, как и у Саши, выставлены в электронном виде на Амазоне, но продаж толком нет. Так, по мелочи, две в Европе, три в Англии. В общем, ни о чем… К слову, коллеги, у меня есть организационное предложение. Я снимаю апартаменты неподалеку отсюда. Там есть просторная шикарная терраса и два больших стола. Я уже разговаривал с хозяином, и он не против, если мы будем заниматься там. Мне кажется, там будет гораздо удобнее — места больше. Наверное, стоит попробовать, а если не понравится, мы всегда можем вернуться сюда. Что скажете, Элеонора?

— Я не против. У группы нет возражений?

Нестройный хор голосов поддержал идею, и было решено утреннее занятие провести на террасе «Графских апартаментов».

После Адама выступал Миша — второй представитель мужского пола в их группе. И если Адам был самым старшим, то Миша — самым младшим. Очень молодой, с курчавой головой, в очках, оживленный и оптимистичный — он был говорлив и резв. В группе собрались люди очень разных возрастов, и этот разлет в возрасте был заметен.

Миша рассказал, что живет в Украине, а сразу после семинара летит в Англию.

— Я подписал контракт с Фейсбуком и буду работать в Лондоне. А сюда приехал, потому что работаю над научно-фантастическим романом и хочу его издать.

Следующие две «студентки» литкурсов разительно отличались характером от остальных. И Галя, и Зина вели себя тихо и скромно, в чем-то даже застенчиво и стеснительно. Как оказалось, Галя была бухгалтером, тоже приехала с Украины, а Зина — из Якутии и по профессии была режиссером. У них обеих не было почти никакого литературного опыта, но зато было страстное желание учиться писательскому делу.

После того, как все познакомились, Элеонора сообщила, что завтра к ним присоединится еще одна участница, которая сегодня не смогла приехать. Она раздала всем расписание занятий и пояснила, что учеба будет проходить дважды в день — утром и вечером. И после каждого урока обязательно надо выполнять домашнее задание, для закрепления материала.

Встреча закончилась, когда уже стемнело. Новоиспеченные коллеги шумно распрощались и высыпали гурьбой на улицу. Адам предупредил, что завтра встретит всех здесь и проводит до своих апартаментов. На том он и расстался с участниками группы и пошел домой, размышляя по пути, что почему-то ожидал большего от этой компании и от вводного занятия. Конечно, это первая встреча, и настоящая работа начнется лишь завтра, но… Впрочем, может, он слишком уж придирается? Ладно, скоро все станет понятно.

Наутро Адам снова сходил на рынок и в магазин — прикупить для утреннего «заседания» чай, кофе, печенье и прочую мелочь. Раз уж пригласил к себе народ, надо быть гостеприимным хозяином.

В назначенный час он подошел к месту сбора и увидел, что их полку прибыло: к группе, которая почти в полном составе поджидала Адама, присоединилась молодая и очень красивая девушка, и была она явно на последнем сроке беременности. Ее звали Аня, и сопровождал ее муж. Как выяснилось, она жила в Черногории, в нескольких часах езды от Будвы, и муж согласился привозить ее на занятия, но только по утрам. Адам мысленно удивился и восхитился: вот это да, до чего же надо любить литературу, чтобы на сносях думать еще о книгах и ездить учиться литмастерству!

Вся компания под предводительством Адама пришла к «Графским апартаментам» и по достоинству оценила террасу с великолепным видом. Даже Аня, привыкшая к черногорским пейзажам, не удержалась от комплимента. Адам показал помощнице Оксане, где и что находится на кухне, и та занялась приготовление кофе и чая. А все остальные, сдвинув два больших стола, сели заниматься.

Элеонора начала рассказывать, чему будет посвящен первый рабочий день, когда на террасе появился Майкл с обещанным угощением: фруктами, вином и ракией. Адам представил его коллегам, и все оживленно зашумели, благодаря Майкла за приятную неожиданность. Ракию единогласно решили оставить на потом, а вот домашнее вино все по чуть-чуть попробовали. Похвалив его и попрощавшись с Майклом, который отправился по своим делам, все снова устремили взгляды на Элеонору.

Она стала объяснять, в чем секрет «приготовления» хорошей книги и каковы основные ошибки новичков. Чем больше Адам слушал, тем явственнее понимал две вещи.

Во-первых, растаяли как дым его надежды получить четкий совет, как заработать на книгах. То есть совет-то был, но он ему не понравился. «Монетизация труда писателя», как называла это Элеонора, состояла в том, чтобы раскручивать себя в интернете, вести блог, в котором рассказывать людям о вещах, в которых сам разбираешься, и тем самым привлекать аудиторию. И потом уже этой «разогретой» аудитории продавать свои книги, а также продавать рекламодателям рекламную площадь.

— Вот, например, Саша, — пояснила Элеонора, — пишет про семейные отношения и проводит встречи с читателями, лекции, ведет блог, где освещает эту же тему. Фактически, у нее есть готовая целевая аудитория. А значит, ее мероприятия и ее сайт интересны рекламодателю, который хочет рассказать о своих тренингах, об услугах психологической помощи и так далее.

— Допустим. Но Саша пишет прикладную литературу. А что делать, если мое направление — художественная проза? — спросил Адам. — Я пишу о путешествиях по разным странам через призму кулинарного искусства. Мне что же, сковородки или турпутевки продавать?

— Да, вам нужно предоставлять рекламные площадки на своих онлайн-ресурсах для тех, кто продает сковородки и турпутевки. Если вы ведете захватывающий блог и у вас есть интересные книги, то аудитория набежит. И именно за внимание этой аудитории будет бороться рекламодатель.

Адам промолчал, но про себя подумал, что такой подход совсем не близок ему. Да, он вырос в другое время, где отношение к литературе было тоже совсем иным. То, о чем говорила Элеонора, было весьма печально.

Понятно, что русская художественная литература переживает глубокий кризис. Раньше о России говорили как о самой читающей стране в мире. Были миллионные тиражи и многократные переиздания. Во времена молодости Адама для того чтобы приобрести интересную литературу, нужно было сначала сдать двадцать килограмм макулатуры и получить талончик, который давал возможность купить вожделенную книгу. Хочешь собрание сочинений? Будь добр, оформи очередь на подписку и к тому же сдай гору макулатуры.

Конечно, были ловкачи-коммерсанты, спекулировавшие талончиками. Было много нелегальных торговцев книгами. А в каждой уважающей себя семье стоял большой книжный шкаф, чтобы гости оценили уровень интеллигентности хозяев и увидели: читают в этом доме запоем.

Также хватало запрещенных книг и журналов. Власть и цензура внимательно следили, чем питает свой ум советский человек. И те, кто стремился к инакомыслию, культурной образованности и хранил запрещенные книги, рисковали подчас свободой в прямом смысле слова. За чтение подобной литературы, а тем более за распространение, можно было запросто сесть за решетку на энное количество лет.

И тогда, в те времена, люди читали везде: дома, на работе, в дороге, на отдыхе. Возможно, оттого, что жизнь была серой и скучной, а книга уводила в совершенно другой, удивительный и волшебный мир, где царили необыкновенные романтичные отношения, а галантные рыцари и томные красавицы волновали до слез. Плакать или смеяться над книгой прежде считалось хорошим тоном.

Теперь все осталось в прошлом. СССР не стало, а телевидение и интернет изменили все. Тиражи упали в разы, издавать книги перестало быть выгодным. В печать брали только тех авторов, произведения которых приносили гарантированный доход. И последние годы быть писателем стало неприбыльно, а занятия литературой не давало никаких гарантий на финансовое вознаграждение. Выходило, что чуть ли ни единственный способ заработать на своих книгах — пусть и косвенно — это сопутствующая «продажа сковородок»...

Адаму это было не по нутру, и он хмуро слушал, о чем рассказывала Элеонора. Собственно, вторым ударом ниже пояса, помимо маркетинга и заработка на литературном мастерстве, стало откровение, касающееся писательской кухни.

Он, конечно, предполагал, с кондачка научиться хорошо писать не получится — слишком много нужно узнать и в теории, и на практике. Но чтобы настолько… У него попросту нет времени и возможности изучать от и до новую профессию. Его цель — зафиксировать свои идеи, мысли, переживания. И понятно, что это нужно сделать грамотно, профессионально, но… Элеонора рассказывала про фабулу, законы аттрактивности протагониста, слова-канцеляриты и прочее, и Адам почти сразу заблудился в этих терминах, как в дремучем лесу. Стало очевидно: сам он из этой литературной чащи не выберется, не наломав дров. Ему нужен помощник. Он внимательнее присмотрелся к тем, кто сидел за столом на его террасе.

Элеонора тем временем говорила о фокальном персонаже. Что это за зверь такой, Адам понятия не имел, слышал о нем впервые и термин показался ему каким-то… неприличным, что ли. Он уточнил:

— Извините, что перебиваю, но что означает это определение? «Фокальный» — странноватое словечко!

— Это производное от английского «фокус», в оригинале называется «point of view», — вместо Элеоноры вдруг сказала Даша, — то есть описание ситуации ведется с точки с зрения выбранного героя, и все события пропускаются как бы через его эмоции. Получается, что в фокусе читателя оказывается именно отношение этого персонажа. Отсюда и прилагательное «фокальный». Таких героев в книге может быть несколько.

— Совершенно верно, — подтвердила Элеонора.

Адам обвел глазами участников курсов и увидел, что все они, за исключением Даши, тоже не понимают, какая от этого польза тексту и как этот самый фокальный персонаж работает на книгу.

Элеонора продолжала объяснять, как грамотно строить повествование, как составлять план произведения. Адам же слушал ее вполуха, а про себя размышлял, что неплохо было познакомиться поближе с Дашей и показать ей свое творчество. Она в плане знаний явный лидер в группе и уже давно профессионально занимается художественной литературой. Даже Элеонора к ней обращается больше как к коллеге, нежели к ученице. Возможно, Даша подскажет ему, Адаму, что-то дельное.

Утренний урок закончился домашним заданием — написать свою версию сказки «Золушка», переработав ее с учетом полученных сегодня знаний. После группа разошлась на обед с тем, чтобы встретиться снова ближе к вечеру.

Адам решил сперва разобраться с «Золушкой», а затем уж перекусить. В конце концов, морской черт из холодильника не убежит, а вот запал и мысли насчет того, как переписать знаменитую сказку — вполне могут. Он засел за компьютер и корпел над заданием со всей ответственностью.

Он подумал, что на выходе должен получиться коротенький рассказ, написанный глазами современного брюзги, не верящего ни в какие сказки, а наоборот, требующего от персонажей разумных и логических действий. Выходило смешно и забавно. И Адам, как с ним частенько случалось, писал, не замечая времени. Поэтому, когда на веранде снова появилась Элеонора, Оксана, а за ними и другие, он удивился. Оказывается, уже пролетели несколько часов, и народ пришел на вечернее занятие! Вот это да. А он даже поесть не успел! Но зато версия «Золушки» на новый лад была готова.

— Да вы не торопитесь, перекусите что-нибудь, — посоветовала Элеонора и улыбнулась. — Лучше подкрепиться, силы нам потребуются.

— Там целая история, — отмахнулся Адам. — Я вчера морского черта приготовил — рыба такая, страхолюдина! Но вкусная. В общем, его надо разогревать-сервировать, так что я потом поем.

— Морской черт? Ого! А можно посмотреть?

— Конечно, пожалуйста, — Адам показал остатки зверюги, плавающей в бульоне, а затем еще и сделанные накануне фотографии. — Решил запечатлеть на память. Не каждый день такое животное увидишь.

— Да уж! А как вкусно пахнет бульон! Там, кажется, розмарин есть? Где вы научились готовить, Адам?

— Я много лет работал шеф-поваром в Нью-Йоркском ресторане. Высококлассная кухня — это моя профессия и страсть всей жизни.

— Да, очень здорово! — согласилась Элеонора и добавила, обращаясь и к Адаму, и к остальным членам группы, уже рассаживающимся по своим местам. — Вот, кстати, пример того, на чем можно заработать деньги. Адам в прошлом шеф-повар, и у него есть большие знания в этой области. Это — именно то, о чем мы говорили утром. Такие ниши есть в каждой профессии. Надо только об этом задуматься.

Адам подумал, что тема монетизации — любимый конек Элеоноры, и что она видит возможность заработка писателя в наше непростое время только в этом. Для него же это было неприемлемо. Хотя и не мог объяснить, почему был так резко против того, чтобы зарабатывать на жизнь продажей кухонной утвари.

И кроме того, если плотно заниматься монетизацией, то когда писать? Это ведь будет отнимать все силы и время. Реклама, маркетинг, публичные выступления и прочее. Голова будет занята раскруткой себя любимого. А как же творчество? Как же книги? Нет, может, конечно, кому-то такой вариант и подойдет. Но точно не ему.

Вечернее занятие походило на утреннее. Оксана делала снимки работающей группы и изредка походила то к одному, то к другому, предлагая чай или кофе. Элеонора сначала рассказала о писательских техниках, а затем раздала листочки с заданием. Нужно было исправить текст так, чтобы он стал лучше. По сути, это была тренировка и проверка на то, как у собравшихся обстоят дела с редакторским талантом.

Какое-то время на террасе стояла тишина. Все вычитывали текст и вносили коррективы. Адам прочел выданный ему отрывок и не смог даже понять — о чем это вообще? Кусок явно выдран из какого-то рассказа, но смысл и контекст уловить невозможно. Это был диалог двух героев, вульгарный и бестолковый. Возможно, кто-то так и разговаривает, но зачем ему, Адаму, в это вникать? И тем более пытаться как-то исправить?

Поначалу он хотел просто перечеркнуть все, но посмотрел на коллег и увидел, что те кропотливо редактируют выданные бумажки. Поэтому он решил не умничать и сдержать первый порыв. Он заново прочитал текст, поправил, что смог, и отдал листок Элеоноре. Вскоре и остальные закончили правку и сдали свои работы. Элеонора проверила их и спросила у группы:

— Кто-нибудь скажет, о чем шла речь в этом тексте? Что вам понравилось, а может, и не очень?

Народ молчал, не желая попасть в смешное положение. А Адам не вытерпел и решил высказаться.

— Лично мне это показалось пошлостью и глупостью.

И едва сказал это, как ему в голову пришла мысль: а ведь, возможно, это было написано самой Элеонорой! И тогда его выступление как минимум нелепо и оскорбительно. Он знал за собой эту досадливую привычку — невпопад и нечаянно говорить колкости и грубости. И зачем он вообще вылез со своими рассуждениями! Все остальные вон сидят и помалкивают. Кто просил его выступать добровольцем? Он поспешил загладить неловкость.

— Нет, я, конечно, понимаю: чтобы верно оценить произведение, нужно видеть больше материала. А уж потом можно понять правомочность этого.

Он замолчал, боясь еще больше запутаться. Но казалось, Элеонора нисколько не обиделась на критику, и даже одобрительно улыбнулась.

— Вы правы, Адам. Текст, мягко говоря, сырой. И многие начинающие пишут именно так — коряво, со стилистическими ошибками, которых сами не замечают. Наша задача — научиться различать эти ошибки, видеть их в произведении и выкорчевывать такие «пеньки», о которые читатель спотыкается. А то и вовсе откладывает книгу, потому что ему лень продираться свозь бурелом к смыслам, которые заложил писатель в свое творчество. Редактирование — очень важная часть работы автора. Понятно, что для этого существует отдельная профессия, но, как говорится, на редактора надейся, а сам не плошай, — пошутила Элеонора.

Адам же при этих слова посмотрел на Дашу. А затем на листочек с правкой, которую сделала она, и который сейчас лежал на столе, прямо перед его носом. Там все было не просто зачеркнуто, как у него и у многих других, а исправлено и переписано. И он окончательно решил, что обязательно поговорит с Дашей на тему совместной работы.

Глава 19. Даша

После вечерних занятий, когда все уже расходились, Адам подошел к ней.

— У меня к тебе разговор. Есть минутка?

— Конечно. О чем речь?

— Я понимаю, что из всех присутствующих, ты единственная, кто профессионально занимается литературой.

— Ну вообще-то, еще и Элеонора, — рассмеялась Даша.

— Да… Но я сейчас о другом. Как я понял, ты, помимо написания большого серьезного романа, еще занималась и его редактурой. И в крупных газетах раньше работала. А я, хоть и успел настрочить несколько книг, но прекрасно понимаю: недостатков там навалом. Вопрос такой: можешь ли посмотреть пару-тройку страниц моего творчества и посоветовать, к кому мне обратиться для редактуры и корректуры?

— Хорошо, Адам. Запиши мою электронную почту и пришли фрагмент или главу своей книги. Я прочту и честно выскажу свое мнение. Только, чур, не обижаться, — улыбнулась она.

Не без волнения Адам отправил отрывок своего первого романа и с нетерпением ждал Дашиного вердикта.

На следующий день после занятий она отозвала его в сторонку и сказала:

— Я прочитала, и знаешь… В твоем тексте есть интересные мысли и видение, но им — мыслям и видению — нужна достойна огранка. Им нужно придать правильную, красивую форму. Насколько я могу судить, сейчас это прихрамывает. Тебе нужен грамотный редактор, так как в тексте есть неясности, много повторов и противоречий, которые заметны свежим взглядом. Но все можно привести в порядок. Я подумаю, кого тебе посоветовать.

— Послушай, Даша… А ты сама не возьмешься за эту работу? Я знаю, что у тебя большая семья, и ты очень загружена, но… не так важны сроки, сколько качество работы. И еще я привык иметь дело только с теми, кто мне нравится и кому я могу доверять. За эти несколько дней я увидел, что ты собой представляешь — и как человек, и как профессионал. И я буду очень счастлив, если мы сможем вместе работать.

— Ох, Адам… Идея замечательная, но мне надо подумать. Ты прав, редактура —это большой труд, она отнимает много времени и сил. А у меня, помимо семьи и детей, еще и своя книга. И я, как говорила, планирую заниматься ее продвижением. В общем, дай мне пару дней подумать, хорошо?

На том они и порешили. А едва закончили разговор, как к Адаму подошел Миша.

— Мы собираемся вечером всей группой пойти поужинать и выпить вина. Девушки нашли отличный ресторанчик у моря. Пойдешь с нами?

— Ужинать не буду — уже поел. А вот от вина и хорошей компании не откажусь! — согласился Адам.

И они всей писательской гурьбой, перебрасываясь шутками и обмениваясь впечатлениями, отправились к побережью.

Ресторан, как принято в курортных городках, находился прямо на набережной. Им приглянулся один из больших столов, расположенных на пирсе, который врезался в морскую гладь. Каждый заказывал себе то, что ему нравилось. Было весело и шумно, и все говорили наперебой. К их столу подплыли на лодке поющие музыканты, и из-за этого общаться стало совсем невозможно. Они попросили официанта пересадить их за другой стол, и вовремя: начал накрапывать дождь, который через минуту перерос в настоящий ливень. Вся компания перебежала в закрытую часть ресторана и продолжала веселиться уже там.

Вино и разговоры текли рекой, время было к полуночи, но никто не хотел расходиться. На волне этого единения Адаму пришло в голову поделиться своей заветной идеей, которую он вынашивал уже несколько месяцев.

— Коллеги! Друзья! Я, кажется, уже говорил, что скоро — буквально через неделю — лечу во Франкфурт на ежегодную книжную ярмарку. Это самое крупное мероприятие такого рода в Европе. Хочу посмотреть, что там происходит. Возможно, познакомлюсь с нужными людьми и заведу полезные связи. И у меня есть мысль… Мы же все писатели, хоть и начинающие. В чем-то это даже хорошо. Но нас никто не знает и не узнает, пока мы сами не покажем миру, что мы есть! Я считаю, что нужно брать быка за рога. Не ждать, пока нас заметят издатели и литагенты, а самим заявить о себе. В следующем году я хочу арендовать выставочное место на Франкфуртской ярмарке, чтобы самостоятельно представлять там свои книги и свои интересы. Да, это недешевое удовольствие. Но если нас будет много, то и стоить это будет не так дорого. Плюс мы произведем впечатление, выступая как единая команда русских писателей-эмигрантов! Кто за?

За столом воцарилось молчание. Сначала — недоуменное, а потом — тягостное и напряженное. Адам их не понимал.

— Ребята! Вы же хотите писать и продавать свои произведения? И у вас уже есть что-то уже написанное. А впереди целый год, чтобы подготовиться и достойно преподнести себя публике. Неужели никто не хочет?

— Я хочу! — вдруг раздался голос Даши, и она рассмеялась. — О таких вещах, конечно, нужно говорить на трезвую голову. Но в целом, затея мне очень нравится, Адам!

— Вот молодец! — обрадовался Адам. — Конечно, обсудим на трезвую! Пока это не больше, чем смелая фантазия. Но... со смелых фантазий и начинались все великие свершения! В общем, думайте, коллеги. Вы же заплатили за курсы Элеоноры. И сюда в Черногорию приехали, что тоже стоило денег. Значит, вы страстно хотите писать. А продавать?

— У нас маловато опыта, — с грустной усмешкой сказал кто-то из присутствующих. — Твое предложение, Адам, очень соблазнительное, но и очень необычное. Такие вещи нужно обдумывать и переваривать.

— Обдумывайте, переваривайте. У вас есть мои контакты. Создам в Фейсбуке группу. Подписывайтесь и вступайте в нее. Я буду там размещать информацию по Франкфуртской выставке, на которую поеду сейчас, а также мысли о предстоящей поездке в следующем году.

И вино, и дождь вскоре закончились. И вся компания засобиралась по домам. Расходились все необычно притихшими, задумчивыми и без привычного балагурства...

На следующий день, в перерыве между занятиями, Даша подошла к Адаму.

— Я подумала о твоем предложении насчет редакторской работы. Я согласна, но на определенных условиях, поскольку не знаю, как много времени это займет. К сожалению, тут все зависит не от меня, а от детей. А с ними без проблем не бывает.

— Даша, я прекрасно понимаю. Дети — это главное. Меня устраивают твои условия. А насчет Франкфурта — ты вчера всерьез говорила?

— Да, но тут действительно нужно все крепко и хорошо обдумать. У меня огромное желание и стремление. Вопрос в том, как все успеть? Год — это не так уж и много, учитывая, какую огромную подготовительную работу нужно проделать… Не подумай, я не сдаю назад. Но прежде, чем сказать твердое «да», я должна быть уверена, что потяну этот проект и физически, и морально, и финансово.

— Полностью с тобой согласен. Я вообще не представляю, как ты со всем управляешься. Пятеро детей — шутка ли! А ты еще романы пишешь и чужие книги редактируешь, да еще и учишься литмастерству параллельно этому! Я восхищен твоей стойкостью и упорством!

— Было бы чем восхищаться, — усмехнулась Даша и серьезно добавила. — Главное — это результат. Попытки не считаются. Так что, на результат и работаем.

— Как же ты права... — кивнул Адам и снова подумал, что склад ума этой женщины определенно ему очень нравится.

Глава 20. Котор

Неделя занятий пролетела незаметно, и вот уже наступил последний день. На вечер была запланировала отвальная вечеринка, а перед этим — поездка всей группой в курортный городок Котор, расположенный недалеко от Будвы. Как выяснилось, Котор прославился как туристическая Мекка Черногории: был известен древним происхождением и красивейшими архитектурными сооружениями. В общем, вся компания во главе с Элеонорой решила прокатиться туда. Единственной, кто не поехала, была Даша.

— Извините, друзья мои. Я и Будву-то за всеми событиями толком не видела. Так что хочу побродить немного здесь, осмотреться, проникнуться атмосферой. Да и подарки семье купить надо. В общем, я остаюсь. Но в этом есть свой плюс: закажу нам на вечер столик в ресторане. Там и встретимся.

Дорога в Котор пролегала через горы. Это был типичный «серпантин», и езда в автобусе не доставляла никакого удовольствия. Некоторых пассажиров в пути мутило, а остальным было страшно даже взглянуть на море, распластавшееся где-то непостижимо далеко внизу, у подножия скал.

Где-то через час автобус, наконец, свернул с шоссе и выехал к остановке, которая гордо именовалась «Автовокзал Котор». Народ высыпал из автобуса и гуськом потянулся за Элеонорой и Оксаной в сторону бухты, окаймленной высокими горами. Бухта чем-то напоминала ту, что в Будве, но Которская была явно больше. А возле пирсов и причалов здесь стояли настоящие морские лайнеры внушительных размеров.

Так же, как и в Будве, главная крепость находилась на побережье. Внутрь можно было попасть, миновав глубокую арку, через которую потоком текли толпы народа. В основном, конечно же, туристы.

И тут случилось кое-что интересное: очередную порцию курортников, пожелавших войти за стены крепости, не пустило оцепление крепких парней, одетых в форму. Люди недовольно зашумели, не понимая, почему их остановили. А вскоре из ворот вышла еще одна группа военных, в центре которой шествовал высокий человек.

— Президент, президент… — зашелестело вокруг.

Представители черногорских властей прошли мимо, и курсирование простых смертных туда-сюда возобновилось. Адам с коллегами миновал арку и увидел, что сразу за зоротами крепости раскинулась большая площадь, от которой в разные стороны разбегались узкие улочки. Все вокруг было очень похоже на Старый город в Будве. Главным отличием, пожалуй, был ассортимент сувенирных лавок. Везде и всюду продавались статуэтки кошек и котов. Их же силуэтами расписывали посуду. Их фигурки украшали магнитики на холодильники, и самые разные представители кошачьих мелькали на поделках, безделушках и вышивке. Выяснилось, что причиной такого поклонения котам скрыто в самом названии города. «Котор» по-черногорски означало «кот». И эта символика преобладала всюду.

Адам присмотрел симпатичного кота на магнитике и купил его в подарок Даше. Наверняка ей будет приятно. А то она вся в заботах и не смогла даже сюда поехать.

Адам бродил вместе со всеми по центру Котора — по этому древнему лабиринту старинных зданий. Главной достопримечательностью Котора был монастырь, построенный высоко на горе. Но взбираться к храму по бесконечным каменным ступенькам не захотелось. Вместо этого их группа отправилась на поиски кафе, чтобы перекусить перед обратной дорогой. Все несколько подустали, и было немного грустно. Вероятно, от того, что скоро придет время расставаться. А за прошедшую неделю народ, хоть и такой разный, а успел сдружиться. Как оказалось, любовь в литературе объединяет не только читателей, но и писателей. Однако все старались бодриться и шутить. В конце концов, у них есть еще один вечер вместе. И всем хотелось, чтобы прощание было теплым, светлым и веселым.

Глава 21. Затяжное прощание с Черногорией

Когда Адам и компания пришли в ресторан, Даша уже была на месте. Она разослала всем смс с инструкцией, как добраться до заведения, поэтому проблем с маршрутом не возникло. Ресторанчик действительно оказался очень приятным, а стол на десять персон располагался в уютном уголке.

— Какое хорошее место ты выбрала, Даша! — похвалила Элеонора.
— Мы уже здесь обедали с ребятами, нам понравились еда и обслуживание, — пояснила та.

Появился официант, и тут Адам предложил:

— Друзья мои! Давайте закажем несколько разных блюд на стол. Тогда каждый сможет попробовать всего понемногу. Предлагаю взять три-четыре холодных закуски из морепродуктов, а потом мы подумаем, что взять на горячее.

Послышался одобрительный гул, а Элеонора сказала:

— Адам, отличное предложение! Но инициатива наказуема: заказывайте на всех, мы доверяем вашему вкусу!

— Без проблем! — и он обернулся к официанту. — Пожалуйста, нам порцию жаренных кальмаров с луком, чесноком и травами. Креветки в томатном соусе. И пару порций осьминогов в горчичном соусе.

— А что вы будете пить? — поинтересовался официант.

— Друзья, что пьем? Пиво, вино, что-то посерьёзнее?

— Вино! Да, конечно, домашнее вино! Пусть принесут и красное, и белое! — раздались голоса, и Адам заказал и то, и другое.

Вскоре на столе появились напитки, а затем и закуски. Официант только успевал принимать заказы и приносить новые диковинные блюда из морепродуктов. Кухня здесь оказалась отменной. За столом царило веселье, и дружеское общение то и дело перемежалось взрывами смеха. Поднимали тосты за здоровье Элеоноры, собравшей всех в прекрасной Будве. За будущие успехи на литературном поприще. За новые встречи где-нибудь и когда-нибудь. Вечер пролетел очень быстро.

Прощаясь с Дашей, Адам пообещал прислать ей рукопись своего романа, а она сказала, что обязательно ответит, как только получит его письмо. Ей, как и всем, кроме Адама, нужно было с утра ехать в аэропорт. Но расставались новоиспеченные коллеги по писательскому цеху с большой неохотой и чуть ли ни лучшими друзьями.

Наутро Адам проснулся с мыслью, что все-таки есть определенные преимущества в том, что он не уехал. У него в запасе еще сутки отдыха, и это приятно грело. Он собирался провести их, как и первые дни после приезда, однако все сложилось иначе.

Майкл рассказал, что, оказывается, сегодня национальный праздник — День святого Джиованна. И каждый уважающий себя черногорец обязательно отмечает его с гостями, родственниками и всеми знакомыми и незнакомыми. Майкл предупредил Адама, что тот приглашен, и никакие отказы не принимаются. Вечером ожидалось угощение, изобилие алкоголя и полноценное веселье.

Адам попытался было сказать, что уже накануне навеселился по полной программе, что две отвальные за два дня — это перебор. Тем более, у него ни свет ни заря рейс на самолет. Но Майкл даже слушать ничего не пожелал, а вместо этого пообещал отвезти Адама к нужному часу куда тот пожелает. Хоть на край света, не то что в аэропорт. В общем, этот вопрос даже не обсуждался, в назначенный час Адам, захватив бутылку вина в подарок, поднялся со своей террасы на второй этаж, в квартиру гостеприимного хозяина «Графских апартаментов».

Гостиная Майкла, в которой Адам побывал в день приезда, преобразилась. Круглый стеклянный стол перекочевал на крытую террасу. За столом сидел хозяин и еще трое мужчин славянской внешности и преклонного возраста. Они курили тонкие сигаретки и потягивали прозрачную ракию из крошечных рюмочек.

Майкл познакомил Адама с ними, при этом его самого представил как «знаменитого русского писателя», который в Будве встречался с другими не менее знаменитыми авторами. Адам, мягко говоря, смутился от таких формулировок и попробовал переубедить Майкла, однако — безуспешно. Тот предпочел остаться при своем мнении.

В знак уважения к русской литературе Адаму тут же налили рюмку ракии. Но он вежливо отказался, сославшись на завтрашний тяжелый день. Знает он эти напитки. На утро хлопот не оберешься! А вот против домашнего вина возражений не нашлось. Тем более, напиток проверенный: за последние десять дней выпито его достаточно, и за последствия — точнее, за их отсутствие — можно не переживать.

Как объяснил Майкл, праздник святого Джиованна проходит каждый год шестого октября. И хотя многие черногорцы не религиозны, но чтут традиции. Постепенно все переместились с террасы в дом и продолжили общение там. В центре гостиной стоял огромный стол, весь заставленный изящной посудой, инкрустированными фужерами и серебряными столовыми приборами. Мужчины церемонно сели на длинные деревянные лавки вдоль стола, за которым сидела только одна женщина — дряхлая старушка. Как позже узнал Адам, это был мать Майкла. Остальные женщины в семье не имели права присоединяться к этому обществу и занимались обслуживанием пирующих, унося и принося блюда и яства. Адаму все происходящее показалось немного странным, но очень торжественным и красивым. Было видно, что это классический ритуал, который исполняется из года в год в соответствие с правилами, принятыми в этой стране.

После обилия закусок наступила очередь основного блюда (по крайней мере, так думал Адам). И он обомлел, когда ему принесли четыре мясные тарелки, а Майкл пояснил:

— Просто закуски. Вот, говядина, баранина, свинина и курица, — пояснил Майкл. — Кушай все!

Стало ясно, что гости обязаны отдать дань уважения кулинарным умениям хозяйки и попробовать все. Адам украдкой посмотрел на других мужчин за столом. Вот если бы сюда усадить батальон солдат срочной службы, то да — такие горы мяса были бы кстати. Но ведь тут лишь четверо! Правда, попозже подошел еще народ, но и «пищевые проблемы» только возросли!

После мяса наступила очередь супов, которые наливали в глубокие квадратные тарелки. Майкл при этом следил за тем, чтобы рюмки и бокалы гостей не пустовали. Пиршество продолжалось безо всякого перерыва. И когда Адам уже думал, что вот-вот подоспеет десерт, а там уж будет вполне прилично удалиться восвояси, выяснилось, что после супов снова наступила очередь мяса, но теперь уже в виде горячих блюд! Он делал все, что мог, чтобы не показаться невоспитанным и невежливым. Но еда отказывалась лезть в рот. К моменту, когда подали сладкое — кажется, фрукты и что-то печеное — Адам был уже сыт на неделю вперед и смотреть не мог на стол.

Он поблагодарил хозяев за гостеприимство, тепло попрощался со всеми и еле вышел из-за стола. В своих апартаментах он прилег на кровать и тихо лежал, сам себе напоминая удава, проглотившего животное, которое явно было крупнее его. Сверху доносились звуки празднества. Местные были привыкшими к таким изобильным кушаньям, и отчетливо слышалось, как в квартире Майкла веселятся многочисленные гости. Приглашенный музыкант наяривал на аккордеоне песни, а захмелевшая публика пела хором народные песни.

Адам засыпал с мыслью, что это все похоже на отголоски далекого прошлого. Словно он вернулся лет на пятьдесят назад, в ленинградскую коммунальную квартиру, где всегда у кого-то собирались гости и все за полночь пели песни душевные песни… Да, Черногория, ты оказалась удивительной. Замечательная страна и замечательные люди. Адам уснул с улыбкой на губах и с надеждой, что когда-нибудь снова вернется сюда.

Часть третья

Германия

Глава 22. Франкфурт. День первый

И вот оно наступило — время очередного и такого важного путешествия во Франкфурт. Адам решил лететь с пересадкой в Стамбуле, поскольку прямые рейсы из Израиля прилетали в Германию глубокой ночью. А ему не улыбалась идея рыскать впотьмах в незнакомой стране в поисках такси, гостиницы и прочего.

Самолет из Стамбула должен был прибыть во Франкфурт днем, но, как обычно, не обошлось без накладок. Рейс задерживали, и Адам вынужденно сидел в турецком аэропорту, ожидая, когда наконец сможет улететь. Хорошо, что с собой у него был роман, который дала ему Даша.

Вообще-то, он уже давно не читал никаких книг, кроме собственных. Вот эти — да, перечитывал и переписывал по сто раз. Но тут совсем другое дело. Очень может статься, что Даша поможет ему с редактированием рукописей. А значит, хорошо бы внимательно посмотреть на ее творчество и на то, как она сама относится к работе над текстом.

Адам начал читать. И так увлекся, что задержка в аэропорту пролетела в мгновение ока. Когда объявили посадку до Франкфурта, он искренне удивился, что, оказывается, скоротал за Дашиной книгой аж три часа!

А потом еще три часа в полете. Да, пишет она действительно очень хорошо! Надо обязательно сказать ей об этом.

Без проблем добравшись до своего отеля, он решил морально подготовиться к завтрашнему дню. Целью этого путешествия были не отдых, не новые впечатления и не курортные удовольствия. Адам изначально знал, что летит в Германию, чтобы провести разведку боем и понять, как устроен современный книгоиздательский бизнес. Ему уже доводилось бывать на книжных ярмарках в Чикаго и Нью-Йорке, но Франкфуртская международная книжная выставка — совсем другое дело. Другие люди, другой размах. И это мероприятие считалось крупнейшим событием такого рода в Европе. А может — как знать! — и в целом мире.

Цифры говорили сами за себя. За неделю выставку посещало больше четверти миллиона человек. Это фантастическое шоу проводилось одновременно в одиннадцати огромных многоэтажных зданиях. Тысячи литературных агентов со всего мира, десятки тысяч издательских домов, сотни тысяч участников и посетителей. Размах этой «ярмарки тщеславия» поражал.

Целый район Франкфурта превращался в самостоятельный город, живший по своим «книжным» правилам. Это были и праздник, и бизнес, и феерия одновременно. Но для Адама, в первую очередь, это был полигон военных действий. Он хоть и начинающий писатель, но не собирался «засиживаться в девках» — ему было важно понять, что и как надо делать. Кто законодатель в издательском мире? Каковы его правила? Нужно ли им следовать неукоснительно? Или напротив, как это порой бывает, стоит узнать о них именно для того, чтобы сделать шаг в сторону, сделать нечто очень «неправильное» и потому — успешное и эффективное.

На все эти вопросы нужно было найти ответы. Чтобы через год, вернувшись сюда уже в качестве участника выставки, действовать наверняка, а не тыкать наобум, рискуя попасть пальцем в небо. Именно поэтому Адам и приехал во Франкфурт. Именно поэтому настрой у него был боевым и оптимистичным. Он готов к свершениям!

Однако первый же день для него, как для литератора, не задался. Побродив по выставке, изумляясь масштабам мероприятия, он вернулся в гостиницу. И пока в памяти все было свежо, решил записать свои впечатления. Открыв ноутбук, он старательно и подробно фиксировал все, что узнал и увидел сегодня. Работа спорилась, и часа через два уже были написаны несколько страниц яркого, сочного и конструктивного текста. Возможно, он войдет в будущую книгу. Ну или, по меньшей мере, сгодится для свежей заметки в блоге на Фейсбуке.

Адам удовлетворенно потер руки. И вдруг… текст пропал. Просто взял и растворился с экрана, будто его там никогда и не было. Адам тупо смотрел на чистый электронный лист и не понимал, что произошло.

Что он только не делал, чтобы вернуть написанное! И почему, скажите на милость, оно не сохранилось? Да и как вообще это возможно, если включена функция автосохранения?! Полчаса он бегал по комнате, взывая то к разуму ноутбука, то к компьютерным богам, то проклиная день и час, когда решил изменить привычке все записывать на бумаге. Так или иначе, но написанное исчезло и больше не вернулось.

Как говорят англичане, что толку плакать по пролитому молоку. Надо садиться и делать все заново.

Немного успокоившись, он глубоко вздохнул и опять начал работать. Еще два часа ушло на то, чтобы повторно записать события дня. Да, конечно, получилось не так вдохновенно и ярко, но лучше, чем ничего. Адам периодически проверял, сохраняется ли написанное, и спустя время закончил труды праведные. Но дальше случилось то, что у него в голове просто отказывалось уместиться: текст снова исчез. Точно так же, как и в первый раз. Без следа, без намека на причины, как и почему он испарился. Словно корова языком слизала.

Тут он не выдержал и выругался так, как редко ругался в жизни. Да что же это за свинство?! Как это понимать?! В один день в одну и ту же воронку... даже снаряды — и те не падали, а тут... Застрелиться, что ли, пойти?!

Адам в сердцах захлопнул ноутбук и принял, как ему казалось, единственно верное решение: плюнуть на попытки что-либо написать сегодня. И вместо этого сходить в магазин за вином, закусками и заесть-запить горечь поражения от свободомыслия собственного компьютера. Так он и сделал. После этого немного отпустило, а гнев и ярость сменились свойственным ему упрямством. И уже засыпая, он думал: ну уж нет, дудки. Завтра он встанет спозаранку и все равно запишет хоть что-то. И сохранит. До открытия выставки времени должно хватит. Третья попытка просто обязана быть удачной.

Глава 23. Франкфурт. День второй

Наутро человеческий разум таки возобладал над компьютерными бесами. И Адам отправился на выставку, сожалея, что третий текст получился не таким полным и красочным, как первый, но все же получился!

Он шагал по улочкам выставочных павильонов, разглядывая стенды и киоски участников. Улочки пересекались друг с другом, перетекали в эскалаторы, поднимавшие посетителей ярмарки на следующие этажи, разбегались в разных направлениях километрами аллей, заполненных книжными лотками. В этом невообразимом море особенно выделялись места, которые арендовали крупнейшие издательские дома. Так, «Саймон и Шустер» имели не стенд или киоск, а целый небольшой поселок! На площади, которую занимало это издательство, за столами работало около сотни человек.

На контрасте с ними резко выделялись «самострелы» — крошечные стенды, возле каждого из которых сидел один человек, представлявший непонятно чьи интересы. А тоска у них в глазах не вызывала никакого желания подойти и прояснить этот вопрос. И первый вывод, который сделал Адам, в том и заключался: хочешь добиться успеха — сам излучай успех. А если сидеть такой горемычной курицей, то никакого золотого яйца не высидишь…

Гуляя по бесконечным аллеям, Адам наткнулся на российское издательство. Он пообщался с невзрачными кислыми дамами, которые представляли русскую литературу на этой мировой арене, и отошел от них весьма разочарованный. Кошмар, да и только. Как их вообще пустили сюда представлять интересы России?.. Впрочем, вопрос риторический. А у него полно насущных и актуальных. Вот ими и надо заниматься.

Но видимо, он забрел в русское крыло выставки, потому что следующий стенд занимало уральское издательство. Очевидно, некрупное, так как за столом сидел только один человек. Адам решил пообщаться с ним, чтобы прояснить для себя важный вопрос: зачем мелкокалиберные отечественные издательства приезжают сюда? С какой целью? На что рассчитывают? Пока что он не видел даже приблизительного ответа на этот вопрос. А ведь стенд, оборудование, аренда места, презентационные материалы да и работа самих сотрудников на выставке — это все стоит существенных денег. Как-то ведь издатели должны отбивать их? Ведь наверняка приезжают сюда с целью заработка, а не просто покрасоваться перед иностранными коллегами. Но как они зарабатывают деньги на выставках — это для Адама было загадкой.

— Здравствуйте! — по-русски обратился он к парню у стенда. — Меня заинтересовало, кто вы, что вы... Хотелось бы пообщаться.

— Добрый день! С радостью отвечу на ваши вопросы, — оживился тот. — Мы издаем книги, журналы. Основной расчет на Урал и Приуралье. А вы чем занимаетесь и кого представляете?

— Я автор двух трилогий и представляю сам себя. Сейчас работаю над седьмой книгой, а вообще уже их вышло шесть. Хотите взглянуть?

— Ну давайте, посмотрю, — мужчина принялся листать книги Адама. — Надо же, столько контента...

— Вам интересно было бы издавать такую литературу? — Адам просто не мог не спросить.

— Возможно, да. Но здесь, во Франкфурте, мы не ищем новых авторов. Передо мной стоят другие задачи.

— Какие? — Адам весь превратился в слух.

— Найти зарубежные издательские дома, которые захотят купить права на перевод и публикацию наших книг в других странах. Именно за этим все сюда и приезжают: покупка и продажа прав. Обычно все делается по договоренности и происходит заранее. Но есть и вероятность, что «в поле» встретишь кого-то стоящего. Авторов, которые приходят сюда в надежде продать свое детище, издатели недолюбливают, — посмеиваясь, ответил мужчина и поспешно добавил: — Ни в коей мере не хотел обидеть вас! Ничего личного. Просто это общая практика и типичное отношение литературных агентов и западных издателей к тем писателям, кто пытается самостоятельно выжить в мире книжного бизнеса, увы… По-человечески я вас хорошо понимаю. Да и книги у вас вроде неплохие, — одобрительно кивнул он.

— Понятно, буду знать… Спасибо за информацию!

— Вот, возьмите сувенир, — предложил мужчина. — Настоящий уральский пряник!

— Благодарю, — улыбнулся Адам и, положив пряничек в карман, двинулся дальше.

Значит, многие участники приехали именно с целью продать права на издание своих опусов. И вот сидят они в своих «ларьках» и ждут покупателей. А покупатели — то бишь издательства — деньги считать умеют. И с простыми авторами напрямую не жаждут общаться. Но раз те сидят, выходит, на что-то надеются. Видимо, есть какая-то категория агентов, которые, как сказал уральский умелец, работают «в поле» и ищут таланты в этих «ларьках». Ну допустим, найдут — дальше что? Наверное, заключают договора. Неужели тут сразу есть и юристы для оформления сделок? Ох, как все сложно! Надо разузнать побольше обо всем. Пока что ясно одно:

тут крутятся очень серьезные деньги. И чтобы получить свой кусок пирога, надо выступать на равных, а не сидеть бедным родственником в сторонке, рассчитывая на милость чужого дяди.

Адам решил уйти в другой павильон, подальше от российской публики, и посмотреть, что там «дают». У иностранцев дела шли явно бойчее, чем у русских литераторов. Гуляя по аллее, где выставляли свою продукцию европейские издательства, он столкнулся с тем, о чем предупреждал менеджер с Урала. Попытки заговорить с представителями западных издательских домов заканчивались одинаково: сначала на лицах появлялось любопытство, но едва стоило упомянуть, что он является автором своих же книг, как интерес мгновенно испарялся, а на физиономиях отчетливо проступало выражение равнодушия и нетерпеливого желания отделаться от собеседника.

Да, воистину, писатели, пытающиеся устроить свою судьбу самостоятельно, здесь не в почете. Может, потому у них, у здешних авторов, такие грустные глаза?

Нет, конечно, есть писатели, отношение к которым совсем иное. Но они, как говорится, из другой весовой категории. Это приглашенные звезды, топовые беллетристы. Они сидят, как в тронных залах, у огромных стендов крупнейших мировых издательств. И их задача — развлекать народ, работать приманкой и визитной карточкой этих компаний. Эти авторы подписывают книги, раздают автографы, в общем, выступают на потеху публики. И явно не обеспокоены тем, чтобы продать кому-то права на свои произведения. Все уже продано на двадцать лет вперед.

Адам, уяснив, что с пишущей братией из разряда простых смертных никто на контакт не идет, а если и разговаривают, то через губу, изменил тактику. Он приметил итальянское издательство, специализировавшееся на книгах о путешествиях и кулинарии. Идеально — его тема! Он решил проверить на итальянцах свою теорию: важно правильно произвести первое впечатление.

Адам подошел к стенду, возле которого работало человек десять, и отрекомендовался как официальный представитель группы русскоязычных писателей, которые эмигрировали из России, но пишут по-русски.

— Мы работаем в разных жанрах, в fiction и non fiction направлениях, но объединились для пользы общего дела, — пояснил он.

И сразу заметил, как волшебным образом изменилось восприятие его персоны. Вместо томления и скуки в глазах собеседников появилось любопытство. Попросили посмотреть его книги, угостили эспрессо, засыпали вопросами. Адам терпеливо и с достоинством отвечал на них. Итогом общения стала договоренность о встрече с менеджером, ответственным за новые связи, через час. Адам, сохраняя серьезное лицо очень занятого человека, подтвердил, что в это время у него будет «окно», и он с удовольствием пообщается с представителем итальянского издательства.

Они распрощались, и он отправился дальше, удивляясь, какой эффект произвело простое изменение в самопрезентации. Конечно, не исключено, что их прельстила возможность получить оптом лопухов-писателей по цене одного. А может, и правда чем-то заинтересовались — скоро выяснится. Но радовало одно: с первого же захода подтвердилось его предположение: никто не любит просящих милостыню. Стоит начать вести себя на уровне потенциального бизнес-партнера, официального представителя — и отношение, и русло беседы меняются в корне. Пока неясно, о чем дальше говорить с этими итальянцами, но все указывало: он на верном пути.

Следующая остановка, которую сделал Адам, была у стенда Рона Хаббарда. Все пространство на полках было занято книгами этого писателя, который, как выяснилось, продал в общей сложности триста восемьдесят миллионов экземпляров. Эти цифры не укладывались в голове. Вот оно — сочетание качественной продукции и грамотного пиара!

К Адаму подошла одна из сотрудниц, работавших у этого стенда.

— Интересуетесь творчеством мистера Хаббарда?

— Кто же не заинтересуется — такие тиражи!

— Вы правы, он очень популярен. А вы чем занимаетесь?

Адам вновь повторил презентационную речь о группе русских писателей-эмигрантов, чем снова вызвал в глазах у собеседницы неподдельный огонек любопытства. Она полистала его книги и покивала, выслушав пояснения, о чем идет речь в двух его трилогиях.

— Адам, вы знаете, это может заинтересовать Вильяма, он наш куратор, — сообщила дама и указала на худощавого энергичного мужчину, который увлеченно с кем-то разговаривал. — Не хотите ли пообщаться с ним? Скажем, через час?

— С удовольствием! Но к сожалению, у меня уже назначена встреча на это время. Может, чуть позже? Через пару часов?

— Отлично, подходите! Будем ждать вас!

Адам попрощался и пошел своей дорогой, мысленно удивляясь и радуясь — как же все меняется, стоит только выбрать верную форму подачи информации! Две попытки — и уже назначены две встречи! Понятно, что отказать могут на любом этапе. Но первый успех окрылял, и он был полон оптимизма.

Адам побродил по выставке еще с полчаса, стараясь не отходить далеко от итальянской диаспоры. Заблудиться тут немудрено, даже имея план-схему всех павильонов. Повсюду входы и выходы, аллеи и перекрестки, похожие друг на друга как две капли воды. И везде люди и книги, книги и люди.

Наконец подошло время встречи, и Адам выдвинулся в сторону стенда итальянского издательства. Еще издалека он увидел, что тамошняя обстановка преобразилась. За длинными сдвинутыми столами сидела большая компания, уплетающая закуски с прошютто и попивающая эспрессо. Все оживленно размахивали руками и возбужденно, в типичной итальянской манере, вели разговоры, перекрикивая друг друга. Барышня, которая общалась с Адамом в первый его визит, заприметив его, сделала скорбное лицо. В общем-то, ему все сразу стало понятно.

— Извините, мистер Гардов. У нас сейчас очень важное совещание. Мы вам перезвоним, хорошо?

Адам кивнул, хотя про себя подумал, что, конечно же, никто уже никому не перезвонит. Может, и правда внезапное срочное заседание опрокинуло остальные планы, но его жизненный опыт подсказывал, что дело в другом. И когда говорят: «Мы вам позвоним», то это просто вежливая форма отказа. Не всегда, разумеется, но в девяноста девяти случаях из ста.

Он немного расстроился, но помнил: поражения над переносить с высоко поднятой головой. Поэтому вежливо распрощался с итальянкой и отправился к стенду Рона Хаббарда. Может, с мистером Вильямом встреча таки состоится, а значит, это будет новый и полезный опыт, за которым Адам и приехал сюда.

Там работа по-прежнему кипела. Народ сидел за столами и вел переговоры, оживление и деловая атмосфера пропитывали воздух. Адам скромно встал в сторонку — в импровизированную очередь людей, которые не хотели мешать процессу, но у которых явно были какие-то вопросы, требующие обсуждения. Позади него очередь занял еще один мужчина, лет пятидесяти, в строгом костюме. А вскоре к ним быстрой походкой подошла сотрудница.

— Господа, вам назначено?

— Да, у меня встреча с мистером Вильямом, — ответили Адам и мужчина в костюме почти хором.

— Хорошо, подождите, пожалуйста. Он скоро освободится.

Барышня унеслась, а незнакомец и Адам вежливо улыбнулись друг другу.

— Вы знаете, мне Вильям нужен буквально на пару слов, — вдруг сообщил мужчина в костюме. — Не возражаете, если я быстро переговорю с ним?

— Без проблем, — согласился Адам. — А вы к нему по какому вопросу? Извините, если я лезу не в свое дело… Кстати, я Адам, очень приятно, — он протянул руку, и собеседник ответил рукопожатием.

— Взаимно, Адам! Меня зовут Джон, я — издатель. Мы с Вильямом как раз один издательский вопрос должны обсудить. Это недолго, не волнуйтесь. Я не отниму много времени… А вы чем занимаетесь?

— А я автор, который как раз ищет издателя. У меня две трилогии… — начал было Адам и сразу понял, что выдал неправильную версию самопрезентации.

На лице у Джона отразилась целая гамма чувств, и они были далеко не позитивными. Он мгновенно стал пасмурным и настороженным, а улыбка превратилась в искусственную и фальшивую. Адам поспешил добавить:

— Ага, вижу, вы не любите писателей, Джон. Не переживайте, я не стану приставать с просьбами. Я здесь с другой целью. А что, авторы часто вас донимают?

Джон с облегчением выдохнул, расслабился и ответил чуть ли ни с благодарной улыбкой:

— Не то слово. Как только узнают, что я издатель, тут же тащат свои гениальные произведения и требуют, чтобы я прочитал.

— Да, это нелегко, наверное, по сто раз на дню отказывать докучливым приставалам. Могу себе представить. Хотя их тоже понимаю.

— Да и я их понимаю. Но здесь-то я не за этим! Тут работает моя команда: менеджер отдела продаж, юрист, другие сотрудники. Я их курирую и организую весь процесс.

— Джон, ты говоришь, как американец. Просто и понятно.

— Так я и есть американец. А просто и понятно — это потому, что бизнес такой. Нужна лаконичность и ясность. Время — деньги. И здесь, во Франкфурте, это работает как нигде.

— То есть, вся выставка — только бизнес? А как же авторы? Творческие люди? Те, кто создают контент?

— А они-то здесь при чем? Выставка не для творческого обмена идеями и не кружок по интересам. Тут собираются только деловые люди. Они продают и покупают права: от тридцати до пятидесяти процентов всех сделок — это продажа и покупка прав на перевод, переиздание, экранизацию и так далее. Книжная выставка — это для трейдеров, оптовиков книжной торговли, магазинов, библиотек, киноиндустрии и всех прочих, кто крутится именно в бизнесе. Вдохновению и музам тут не место.

— Понятно, — Адам ловил каждое слово и мотал на ус новую информацию. — Смотри, Джон, у меня такая ситуация. Я представляю группу русскоязычных авторов. Мы собираемся выступать единым фронтом: хотим снять место на книжной выставке в следующем году здесь, во Франкфурте, или в Нью-Йорке. Хорошо подготовимся к этому мероприятию. И вместо того, чтобы бегать и упрашивать литературных агентов и издателей, мы собираемся сами предлагать свой труд на открытом рынке.

— Занятная идея, Адам. Очень недурно, правда, — Джон удивленно и изучающе посмотрел на него. — Это против всех правил, и именно потому может сработать. Если все сделаете грамотно, то шансы действительно неплохие. Я не говорю, что обязательно получится, но вероятность серьезная.

В это время к ним подошел Вильям, и Адам, как и обещал, уступил свою очередь Джону. Те отошли в сторону, и Адам лишь издалека видел, как они оживленно общались, решая свои дела. Беседа с Джоном действительно отняла у Вильяма около пяти минут, и вскоре он, по-деловому улыбаясь, снова приблизился к Адаму.

Они сели за стол, обменялись визитками, Адам вкратце рассказал о группе русских писателей и о своих задачах на этой выставке.

— А почему вы заинтересовались творчеством Рона Хаббарда? — спросил Вильям.

— Ну как же, он такую успешную карьеру сделал. Столько книг написал и продал. Разумеется, это вызывает интерес, — вежливо ответил Адам.

— Да, это так. Судьба и биография господина Хаббарда действительно уникальны... — и Вильям пустился в долгий рассказ об этом человеке.

Как выяснилось, тот написал и издал более двухсот произведений. Обычные книги, электронные, аудиокниги. Он ездил с лекциями и семинарами. Ему и правда было о чем поведать миру. Рон Хаббард был изувечен во время Второй мировой войны, почти ослеп. Но нашел в себе силы бороться за жизнь, за ее смыслы и стал писать об этом и о духовной составляющей личности каждого. Цель его книг — подпитать верой и надеждой всех отчаявшихся, показать людям, что каждый способен подняться с колен даже после самых страшных ударов жизни.

Адам слушал, кивал и соглашался со всем сказанным, но упорно не понимал: при чем тут он-то? Наконец, когда Вильям замолчал, он произнес:

— Да, похоже, Рон Хаббард по-настоящему великий человек. Такую жизнь прожить — и правда подвиг. Его сила духа вызывает восхищение. Спасибо, Вильям, что познакомили с его биографией. Но… меня-то вы зачем пригласили на встречу?

— Моя задача, как и задача моих коллег, которые присутствуют здесь, познакомить людей с его творчеством. В этом наша миссия. Вы же, Адам, представляете группу русскоязычных писателей, так? Я бы хотел, чтобы ваши собраться по перу тоже узнали о Роне Хаббарде. Возможно, косвенно это поможет вашему писательскому объединению достичь своих целей. Мистер Хаббард верит, что воля и желание делают чудеса в жизни людей. Он сам, своим примером, тем, как из калеки вновь стал человеком, доказывает это.

— Ага, теперь понятно, — улыбнулся Адам. — Дерзай и смей желать! И все случится! Да, я разделяю этот подход. Такая позиция мне очень близка! Спасибо, Вильям, за общение! Правда, было очень приятно познакомиться — и с вами, и с творчеством Рона Хаббарда!

На прощание Вильям подарил Адаму одну из выставляющихся книг, и на том они и разошлись, еще не зная, что эта встреча была не только обоюдно приятной, но и не последней.

Шестой павильон, куда направился Адам после встречи с Вильямом, оказался самым большим и густо населенным. Последний, четвертый этаж был полностью отдан в распоряжение литературных агентов. «Ага, вас-то мне и надо», — подумал Адам.

Творческие люди — актеры, писатели, художники, певцы — как правило, не могут и не умеют себя ни правильно подать, ни продать. В эту категорию можно также отнести спортсменов высокой квалификации, кулинаров высшей пробы и много еще кого, кто страстно предан своему делу и профессионален в своей области, но... в плане эффективности маркетинга и продаж эти люди «по нулям». Вот им-то и нужны агенты. Можно быть очень талантливым, даже гениальным, но если нет напористости, коммерческой жилки и знания, как работает бизнес-сектор, то о талантливости и гениальности автора, скорее всего, так никто и не узнает. Кроме того, помимо знаний и умений, нужна масса энергии и времени, чтобы протолкнуться через многотысячные ряды метящих на то же место.

Издатели, например, за редким исключением не хотят иметь дело с писателями. Им проще работать с литагентом — человеком, представляющим интересы пишущего, поскольку тот ведет переговоры с точки зрения бизнеса, а не эмоций. Ставки высоки, и на кону денежные знаки, цифры которых составляют сумму с большим количеством нулей в конце. Ошибка стоит издателю серьезных денег, а в деловом мире такие потери недопустимы. И подчас могут привести к краху.

Размышляя в этом русле, Адам поехал на эскалаторе наверх и обратил внимание, что народу, желающего попасть туда же, куда и он, было предостаточно. Это его насторожило. Кто эти люди? Неужели все — писатели? С другой стороны, не читатели же... Сегодня их здесь нет, их пустят на выставку только в последние два дня. Значит, да — конкуренты. Ну что ж, похоже, предстоит борьба!

На четвертом этаже возле эскалаторов располагалось кафе. Люди перекусывали, пили кофе и общались. Указатель на стене сообщал, что обитель литературных агентов — дальше по коридору. Адам направился туда и оказался перед длинной стойкой регистрации, за которой работало несколько человек. К каждому из них вилась солидная очередь. Он пристроился в хвост той, которая показалась ему короче остальных. Она и правда двигалась быстрее, и вскоре Адам услышал, как женщина за стойкой спрашивала даму, стоящую перед ним:

— Вы записаны на сегодня? К кому?

— Да, записана к… — она назвала фамилию, которую Адам не разобрал. Видимо, кого-то из литагентов.

— К сожалению, он отсутствует. Могу представить вас… — барышня за стойкой предложила другой вариант, но ее собеседница недовольно воротила нос.

— А откуда этот агент? Из какой страны?

— Он американец.

— Нет, американца я не хочу. Посмотрите, пожалуйста, кого-нибудь еще.

Регистраторша пробежала глазами список и сказала:

— Сейчас есть «окно» у другого агента, но он тоже американец. Хотите подумать? У вас есть немного времени.

— Не знаю… Не уверена…

— Прошу прощения, — деликатно вклинился в беседу Адам. — Мне подходит американец.

— Простите? — переключила внимание на него женщина за стойкой. — А вы к кому записаны? У вас есть номер стола?

— Э-э… Номер стола? Я думал, что у вас записываются…

— Что вы! — обе дамы искренне рассмеялись. — Запись закончилась два месяца назад. Это делается заранее. Все встречи с литагентами — только по предварительной договоренности. Они смотрят материалы, которые вы присылаете весной-летом, и если ему интересно, тогда назначает время, чтобы пообщаться с вами на выставке.

— Ого… Я не знал. Спасибо за информацию, — разочарованно протянул Адам и ушел, несолоно хлебавши.

Глава 23. Франкфурт. День третий

Третий день начался так же, как и предыдущий. Адам бродил по павильонам, останавливался у наиболее интересных стендов, прислушивался и присматривался ко всему, что происходило вокруг.

К сожалению, его воодушевление падало по мере получения новых разведданных. На смену приходило четкое понимание: прорваться в мир большой литературы будет ох как непросто. Размышляя в этом направлении, Адам наткнулся на небольшой киоск, чуть ли ни метр на метр, в котором сидела одинокая седая старушка, читавшая книгу. Все полочки крохотной выставочной будки были заставлены экземплярами одной и той же книжки. Очевидно, ее собственной. Адам невольно остановился. Эта картина тронула его до глубины души. Одинокая сгорбленная бабушка на фоне сотни одинаковых обложек. Люди проходили мимо нее, ни на секунду не останавливаясь, а она сидела, читала и словно смиренно ждала чуда.

— Простите, мэм. Это ваша книга выставлена на полках?

— Да, моя. Извините, я плохо говорю по-английски. Завтра будет моя помощница. Приходите, сможете с ней пообщаться.

— Спасибо, постараюсь прийти. Знаете… Можно честно? Меня поразило, что вы пришли и выставили одну свою книгу. Вы удивительно смелая женщина!

— Ну… это моя жизнь, — смутилась та, похоже, не готовая к таким комплиментам. — Это все, чем я живу… Вот возьмите на память мою книгу. А можете и две: кому-нибудь подарите.

Конечно, Адам взял. Просто не мог обидеть эту мужественную женщину, неизвестно на что надеющуюся. Единственная книжечка, мягкий переплет, неказистая обложка и плохонькие черно-белые иллюстрации… Но для Адама она стала воплощением девиза «Не сдаваться ни при каких обстоятельствах!» Эта старушка в его глазах стала истинной героиней, с большой буквы. Сочинить, издать, приехать на ярмарку и терпеливо сидеть, скрывая боль, которую ей явно причиняет равнодушие издателей и литагентов... Было в этом что-то самоотверженное. Понятно, что эта женщина была небогата. Возможно, она долго копила и откладывала деньги для того, чтобы показать миру, о чем она думает и мечтает. Она готова на любые жертвы во имя того, во что верит... Да, это пример, достойный подражания. Может, не во всем. Но в главном.

Глава 24. Франкфурт. День пятый

Согласно правилам Франкфуртской книжной выставки, основная её задача — организация бизнес-процессов в литературном мире. Поэтому большую часть времени ярмарка работает только для деловых людей от мира книг. И лишь в последние два дня двери распахиваются для читателей. В эти дни люди могут купить выставленные книги, а сотрудники у стендов получают шанс заработать на прямых продажах. Вот это-то и заинтересовало Адама. Ему было интересно посмотреть, как организован сам процесс торговли, насколько активно он идет и как вообще все устроено.

Как обычно с утра он приехал к главному входу выставки и... не нашел в карманах свое удостоверение, а также кошелек с деньгами, кредитными картами и визитками. Неужто обокрали в дороге?! Или все-таки забыл в гостинице?.. Он, надеясь на второй вариант, на метро поехал обратно, уповая на то, что не попадется в лапы контролеров. Действительно, кошелек преспокойно лежал на комоде и ждал хозяина. Это подняло настроение Адаму, и он во второй раз отправился в путь.

В этот день на выставке и без того огромные толпы людей выросли еще больше. Помимо читателей, фанатов литературы и поклонников отдельных звездных авторов во Франкфурт съехались, кажется, все немецкие школьники и студенты. Их привозили на автобусах, и зрелище галдящего, шумного молодняка было впечатляющим. Особенного колориту добавляло то, что многие нарядились в костюмы для Хэллоуина, который как раз собирался праздновать весь западный мир.

Видимо, из-за обилия посетителей, хлынувших на выставку в последние дни, сама атмосфера очень изменилась, а ставшие уже привычными деловитость и сосредоточенность на бизнесе уступили место веселью и бесшабашности. На огромных открытых территориях выставки горланили, пили пиво, ели жареные на гриле сосиски и делали селфи многотысячные орды тинейджеров. Адам с трудом прорвался сквозь плотную, разношерстную толпу молодежи и зевак, прибывших на шоу, и оказался в пятом павильоне, где уже бывал накануне.

Сразу бросился в глаза, как преобразился российский сектор выставки. На стендах почему-то появилось больше книг, а менеджеры и работники выглядели слегка возбужденно. Адам подошел к одному из стендов, где выставлялись детские книжки, а за столом сидели две женщины в возрасте, и спросил по-русски:

— Здравствуйте! Книги продаете?

— Продаем! Вот можете купить: это сборник сказок, очень хорошая книжка.

— И почем?

— Три евро.

— Три?! — воскликнул Адам.

— Ну да. А вам за сколько надо? — недовольно переспросили женщины.

— Мне ни за сколько не надо. Я просто прицениваюсь, — поспешил ответить Адам. И добавил: — А почему так дешево?

Торговки за прилавком с изумлением посмотрели на соотечественника, явно не понимая сути его вопроса. Тот решил не вдаваться в дискуссию, попрощался и отправился дальше.

И все-таки очень странно! Три евро! Зачем эти книги писать, редактировать, оформлять и издавать, а затем еще и везти за семь морей — чтобы продать за три евро?! А как они буду делить микроскопическую прибыль? Издатель, автор, бабуси! А как отобьют стоимость поездки, киоска, зарплату сотрудников?.. М-да. На взгляд Адама, это было очень непродуманно, если не сказать хуже... Бизнес-бред, вот как это называется!

Он решительно покинул пятый павильон и отправился в шестой — самый урожайный и интересный, судя по предыдущим дням работы выставки. И на входе буквально столкнулся с Вильямом, с которым общался пару дней назад.

— Адам, здравствуй! — поприветствовал его тот, широко улыбаясь как давнему приятелю.

— Добрый день, Вильям! Надо же, ты помнишь мое имя. При таком-то потоке людей, с которым приходится общаться ежедневно. Я поражен!

— Я запомнил, потому что ты ведь представляешь группу писателей из России? Я не путаю?

— Не совсем так. Я представляю группу русскоязычных писателей, которые пишут по-русски, но живут в разных странах мира.

— Да, да, именно так. Точно! Адам, ты располагаешь временем?

— Смотря для чего.

— То, чем ты занимаешься, очень близко по духу к мировоззрению Рона Хаббарда и его идеям, которые он несет с помощью своего творчества. Мы бы хотели взять у тебя интервью. Его будут показывать на телевидении и в социальных сетях.

— Не вижу причин отказываться. Мне импонирует, как вы работаете.

— Прекрасно! У нас здесь студия с оборудованием для записи. Если есть свободные полчаса, то можем хоть сейчас все организовать.

Вильям привел Адама в помещение, где работали оператор и его помощница. Костюмер подобрал пиджак, а гример припудрила лицо Адама, после чего его усадили в кресло, и он принялся отвечать на различные вопросы. Естественно, беседа вертелась вокруг Рона Хаббарда и его книг, а также вокруг общих литературных проблем.

Адам прекрасно справился с задачей, и после интервью растроганный Вильям угостил его кофе и предложил выбрать еще несколько книг мистера Хаббарда из особого коллекционного издания, предназначенного для высоких гостей.

Распрощавшись с Вильямом, Адам отправился дальше. Ему было любопытно, как происходят продажи, и он педантично обходил аллею за аллеей, наблюдая торговлю у стендов. Ажиотажа не было, торги проходили тихо-мирно. Более того, на многих стендах висели таблички: «Книги не продаем». А на одном из киосков Адам увидел вывеску, над которой покатился со смеху. Выразительная надпись гласила: «Маленькие — по пять, большие — по десять».

Ну надо же, комики-сатирики. «Эх, Жванецкого на вас нет!» — подумал Адам. Продавать книги, как раков, может, и оригинально, но как-то... безнравственно. Он погулял еще между книжных развалов, минуя толпы веселящихся подростков, которых мало интересовала литература и гораздо больше — общение между собой.

Ближе к вечеру он засобирался в отель. Рано утром ехать в аэропорт, а он еще хотел прикупить кое-что из продуктов и заскочить в специализированный магазин, который торговал различной кухонной утварью.

У всех свои слабости, и Адам не был исключением. Так, накануне он случайно наткнулся на этот магазин и присмотрел там две прекрасные мельницы для перцев и соли. У него, вообще-то, было более чем достаточно этих предметов сервировки. Но вот именно таких — больших, стеклянных и абсолютно прозрачных — не хватало для коллекции. Плюс на них была гарантия десять лет, а при покупке двух третья мельница полагалась в подарок.

Шопинг оказался удачным. После покупки шикарных мельниц Адам зашел в продуктовый супермаркет и набрал там различных немецких сосисок: белых, коричневых, со специями и без, длинных и коротких. В общем, затарился под завязку и, довольный, вернулся в гостиницу. В два чемодана едва уместилось все богатство, приобретенное во Франкфурте. Он с трудом застегнул молнии и принялся упаковывать саквояж, который планировал взять в салон самолета как ручную кладь. И только теперь понял, что утренние злоключения с кошельком получили продолжение.

Тот снова пропал и никак не находился. Похоже, на сей раз его действительно свистнули. Наверное, когда покупал сосиски. Вот зараза! И ладно бы, если там были только наличные. Пятьдесят евро, конечно, жалко, но самое главное — в кошельке была кредитная карта. А это уже гораздо хуже. И если ее украли, то надо срочно звонить в банк и просить заблокировать операции по ней. А потом будет целая история с тем, чтобы восстанавливать эту карту.

Поэтому Адам, подозревая, что мог просто по рассеянности спрятать кошелек в какой-то из чемоданов, распотрошил их, методично просмотрел каждую вещь, проверил все карманы и убедился — кошелька нет. Пришлось звонить банк. Его счет тут же проверили: никаких проблем и несанкционированных снятий денег. Карту заблокировали. В общем, жизнь хоть и со сложностями, но продолжалась. Адам, чертыхаясь, заново собрал чемоданы, готовые разойтись по швам, и лег спать.

Глава 25. Франкфурт. День шестой и последний

Аэропорт Франкфурта — модный, огромный, современный — имел такой же дьюти-фри с бесконечным числом магазинов, кофеен, ресторанов и прочих радостей для туриста. Адам, пройдя все контроли и досмотры, зашел в отдел деликатесов. Покупать он ничего не собирался. Так, хотелось посмотреть, что дают.

Как выяснилось, давали фуа-гра. Да не утиный, а гусиный. Ему тут же вспомнился божественный вкус содержимого той баночки, которую он приобрел в Риме, и как потом ругал себя за то, что купил лишь одну. Здесь, во Франкфурте, ситуация оказалась похожей: двадцать четыре евро за двести граммов счастья. И тут «Остапа понесло»... Адам стоял перед витриной, уговаривая себя ограничиться одной баночкой. В конце концов, это не та же самая фирма-производитель, и консервы могут оказаться худшего качества. Плюс он еще не разобрался с банковской картой, да и пятьдесят евро потеряны в том кошельке. В общем, надо поаккуратнее обращаться с финансами, а то все можно спустить на фуа-гра.

Решено. Не жадничает и берет одну упаковку! Вместе с деликатесной добычей Адам подошел к кассе и полез за бумажником. Вытащив из него купюру в пятьдесят евро, он протянул ее продавщице и подвинул поближе к той баночку с гусиным паштетом.

— Мужчина, возьмите свои пятьдесят евро, — услышал он в ответ.

— А что с ней не так?

— Да вы лишнюю банкноту дали.

— Уверены? — покосился на нее Адам.

— Конечно. Вот ваши две купюры по пятьдесят.

Адам с сомнением забрал деньги. Кто ошибся: он или кассирша? Странная ситуация. То ли черти шутят, то ли восстановилась справедливость и к нему вернулись потерянные пятьдесят евро… В любом случае, хорошо получить обратно то, на что и не рассчитывал!

Обратная дорога домой так же, как и путь во Франкфурт, пролегала через аэропорт Стамбула. Стандартные проблемы, конечно, были неизбежны: долгая стыковка между полетами, задержка рейса, развязные пассажиры, вечно плачущие дети и бестолковые родители, на которых не мог повлиять никто, в том числе и сотрудники авиакомпании. В общем, когда лайнер Адама наконец приземлился в аэропорту «Бен Гурион», он с больной головой, не выспавшийся, а потому сердитый и злой, чуть ли ни бегом покинул салон самолета. Хотелось только одного: в тишину и покой родной квартиры. Поэтому — быстро получить багаж, занять свое место в вагоне аэроэкспресса и все, через час-полтора он будет дома.

Но как оказалось, удача отвернулась окончательно. Те самые железнодорожники, которые так вовремя пустили поезда в ночь его отъезда в Черногорию, теперь закрыли движение по этой ветке: очередной израильский праздник, в который никому нельзя работать. И машинистам, разумеется, тоже. Нет, ну что за напасть!

— Какой праздник?! Почему никто об этом не предупредил?! — прорычал Адам в окошко справочной, когда ему сообщили «радостную» новость. — Время час ночи! Мне что же, до утра тут торчать?

— Почему же до утра, — невозмутимо пожала плечами женщина за стойкой информации. — Первый поезд будет завтра в девять вечера. Это же Израиль, многоуважаемый!

Адам, чуть ли ни в голос ругаясь, спустился на стоянку такси. Как и следовало ожидать, он оказался не одинок в попытках найти альтернативное решение. И конечно же, цены таксисов были такими, что хоть садись и лети обратно в Германию — во столько же обойдется, если не дешевле!

Правда, в честь праздника и неработающей железной дороги кто-то догадался пустить ночные «монитки» — специальные микроавтобусы, в которые набивалось по десять человек, — и развозить народ по крупным городам Израиля.

Ближайший город, из которого Адам мог попасть домой, был Хайфа. Он отстоял очередь на нужную «монитку», оплатил втридорога проезд и позвонил знакомому таксисту с просьбой забрать его из Хайфы. Тот тоже заломил цену в два раза больше обычной, но Адаму было уже наплевать — домой, просто доставьте его домой наконец-то!

Его приключения закончились лишь под утро. В четыре часа ночи он распрощался с таксистом, затащил в квартиру чемоданы и, конечно же, первым делом распаковывал их: замороженные германские сосиски уже дали течь. Адам убрал продукты в морозильник и, засовывая туда последнюю порцию франкфуртских деликатесов, услышал странный звук. Шлеп! Что-то упало на пол.

Адам шумно вздохнул, выругался, сел на стул и… от души расхохотался. Это был кошелек. С кредитной картой и пятьюдесятью евро.

Часть четвертая

Греция

Глава 26. Морской круиз на «Голден Айрис»

Приближался апрель — месяц, когда Адам обычно ездил на Мертвое море. Весной там хорошо: еще не жарко, хотя вода прогревается до приятной температуры. Но в этом году он соблазнился круизной поездкой по Средиземному морю. Компания «Моно» обещала незабываемый отдых на круизном лайнере «Голден Айрис»: посещение двух греческих островов за четыре дня, океан удовольствий и все это счастье по очень привлекательной, если не сказать демпинговой цене.

В общем, Адам не устоял. И поскольку удалось сэкономить на стоимости путешествия, он решил не экономить на комфорте и заказал каюту подороже, с большим окном вместо иллюминатора и всеми удобствами. Правда, одноместных кают не оказалось, но элементарная логика подсказывала: дешевые каюты разберут в первую очередь. Так что есть шанс, что в номере подороже он будет один.

Но как обычно, еще прежде, чем началось само путешествие, пришлось сто раз поменять планы. Первую свинью подложила мать-природа. Погода, всегда отличная в весенний сезон, вдруг испортилась. Апрельское небо извергало потоки воды и каждый день блистало молниями. Грозы шли чередой, и казалось, им конца не будет.

В общем, за сутки до отъезда пришлось провести ревизию гардероба и поменять приготовленную в поездку летнюю одежду на более практичную демисезонную. Естественно, стоило упаковать чемоданы, как с утра, в день отъезда, вместо обещанного синоптиками очередного ливня небо озарилось ярким солнцем. И Адам стал заново упаковывать чемоданы, с сомнением поглядывая на прогнозы метеорологов, которые вдруг изменились и запестрели обещаниями отличной погоды.

В Хайфе, откуда отходил лайнер «Голден Айрис», Адаму нужно было быть за три часа до отправления теплохода. Он все рассчитал, чтобы не опоздать. Да и маршрут был прост и знаком: полчаса на автобусе, затем столько же на поезде — и он на месте, уже в порту. Но конечно же, автобус, во-первых, опоздал, а во-вторых, еле тащился через невесть откуда взявшиеся пробки. Из-за чего поезд ушел прямо из-под носа Адама. Следующего пришлось ждать еще полчаса. Ладно, не страшно. Приедет не за три часа, как просил-предупреждал сотрудник туроператора, а за два. Главное — успеть на регистрацию.

Но на этом недоразумения не закончились. Едва Адам вышел на перрон в Хайфе, как тут же набежали тучи, и словно кто-то отдал спецприказ: «А вот этого путешественника намочить до нитки! И быстро, пока он не добежал до здания морвокзала!»

Адам под проливным дождем помчался в сторону эстакады, которая вела к морскому вокзалу. Чемоданы, характерно стуча колесиками, подпрыгивали на ходу и, как и спортивный костюм хозяина, промокли до нитки за какую-нибудь минуту. Вспотевший и запыхавшийся Адам добежал до лифта у эстакады и нажал кнопку последнего этажа. Двери закрылись. Но лифт не тронулся с места. Не веря своему невезению, Адам стал тыкать во все кнопки. Двери открылись. Он был на том же этаже.

Проклиная дождь, опоздавший автобус, ожидание поезда и сломавшийся лифт, он схватил чемоданы и побежал к лестнице. И когда наконец поднялся наверх, то встретил первый кордон проверки.

В Израиле по вполне понятным причинам в местах скопления народа — торговых центрах, железнодорожных вокзалах, аэропортах и так далее — существует несколько линий контроля. В морском порту первая линия представляла собой двух бойцов — вооруженных юношу и девушку. Парень с автоматом наперевес подозрительно посмотрел на Адама.

— Вы зачем тащили чемодан по лестнице, когда есть лифт?

— Да потому что ваш лифт не работает! — огрызнулся Адам. — А я на теплоход опаздываю!

— Как это — не работает? Только что работал, — нахмурилась напарница военного.

— Неужели думаете, мне нравиться таскаться с чемоданами по лестницам?! — вконец раздражился Адам.

— Потише, потише, уважаемый, — осадил его молодчик с оружием. — Так вы на круизный корабль? Что в багаже?

Адам, как ни был зол, поумерил пыл. С этими ребятами лучше быть покладистым и терпеливым. Суетливые, взвинченные и не идущие на контакт люди всегда вызывают вопросы. Поэтому он взял себя в руки, объяснил ситуацию и его пропустили.

Вслед за первой шла вторая линия контроля. Но эта, слава богу, была уже не для людей, а для транспорта. Так что Адам миновал бетонный бункер, где досматривались автомобили, и оказался перед входом в здание морского вокзала.

Здесь поджидал третий блокпост. Длинные очереди туристов вились к будочкам секьюрити, которые проверяли документы, общались с путешественниками и пропускали их к стойкам регистрации на рейс. Ну точь-в-точь, как в аэропорту.

Четвертый кордон проверки подразумевал проверку личных вещей пассажиров. Каждая сумка и чемодан проходили через специальный сканер. И если ничего не звенело, не мигало и не вызывало иных беспокойств у металлодетекторов и проверяющих, то тогда человека отправляли на пятый — последний — пункт досмотра, который ждал на пристани, прямо перед входом на корабль.

При таких порядках неудивительно, что круизные компании просят своих пассажиров прибыть за три часа до отплытия.

Адам успел пройти все преграды и наконец добрался до своей каюты. Он распахнул дверь, протолкнул вперед чемодан и... застал на пороге. На большой двуспальной кровати спал, не раздеваясь, пожилой мужчина. Он даже не открыл глаза, пока Адам громыхал дверью и чемоданом. Лишь тяжело, натужно, со свистом закашлялся. И Адам невольно отпрянул назад — понятно, что незнакомец, лежащий на его, Адама, постели, очень болен.

Он так и стоял в коридоре, не решаясь переступить порог каюты, пока к нему не подошла филиппинка в форме обслуживающего персонала корабля. Она улыбнулась и «успокоила»:

— Вы не волнуйтесь, я сейчас кровати раздвину.

— Да я не об этом беспокоюсь. Человек явно болен. Я не хочу заразиться от него. У вас есть другая каюта?

— Я не знаю. Но вы можете спросить на четвертой палубе, на ресепшен.

На четвертой палубе гудела растревоженная толпа людей. Казалось, тут собралось полкорабля, чтобы решить свои проблемы. Все говорили хором и словно на всех языках мира. Адам разобрал иврит, русский и английский, другие были ему незнакомы. Сквозь шум и гвалт ему кое-как удалось привлечь внимание девушки на ресепшен. Та посоветовала:

— Вот там, напротив, кабинет директора гостиницы.

— Директора гостиницы? Мы ж на корабле.

— Ну у нас это так называется, — пояснила барышни. — Если кто-то и решит вашу проблему, то лишь он. Но боюсь, вам придется подождать, пока мы отплывем.

— Ясно. Где я могу посидеть эти час-полтора?

— В холле, перед его кабинетом. Или на шестой палубе — там, кстати, есть вай-фай.

Адам решил скоротать время на шестой палубе в компании со всемирной сетью. Но оказалось, что ни Вай, ни Фай не собирались помогать ему в установлении дружеских связей с корабельным интернетом. Он вернулся на ресепшн, но там в ответ на его жалобу лишь развели руками.

«Ладно, хорошо, будь по-вашему», — смирился Адам и решил просто заняться путевыми заметками, не требующими благосклонности никаких Ваев с Фаями. Он расположился в холле перед директорским кабинетом, но едва открыл ноутбук, как ввалилась шумная толпа женщин зрелого возраста. Они, не обращая внимания ни на кого, галдели, что-то возбужденно выясняли и перебивали друг друга. Адам мгновенно оглох и только хватал ртом воздух, задыхаясь от гнева. Наконец, ему удалось перекричать базарных теток, и они изумленно притихли, услышав громогласное:

— Да перестаньте же орать! Это не ваша квартира, а публичное пространство! И кроме вас здесь есть другие люди!

Женщина, к которой все обращались, называя «имма» (что значит «мама»), негодуя, показала рукой, чтобы он умерил свой пыл и выбирал выражения. Эта «имма» внешне не отличалась от своих великовозрастных дочек. Ну разве что говорила больше и громче них. Галдеж возобновился, но теперь уже был помножен на взаимную острую неприязнь между Адамом и группой оголтелых баб. Поэтому когда в холле наконец-то появился директор гостиницы, Адам вздохнул с облегчением: развязка близка.

Директор оказался высок, худощав, вымотан донельзя и буквально облеплен сотрудниками различных служб корабля. Женщины «иммы», едва заприметив его, вцепились мертвой хваткой, и Адаму стало ясно, что проще переждать, когда закончится этот сумасшедший дом, чем ввязываться в спор, кто был первый в очереди к директору.

Наконец, тетки получили какие-то бумажки и, победоносно размахивая ими, удалились. Корабельные работники тоже рассосались, и подошла очередь Адама.

Он объяснил порядком измученному директору свою проблему, и тот долго что-то искал в компьютере. Наконец его лицо осветилось, как у человека, выигравшего лотерею.

— Вот, есть другая каюта! Я скажу персоналу, чтобы помогли вам переселиться.

Адам, рассыпаясь в благодарностях, поспешил вслед за филиппинцем, возникшем в дверях. Вдвоем они спустились в каюту, где по-прежнему спал мужчина, кашляющий, словно чахоточный. Филиппинец подхватил и потащил за собой чемоданы Адама. Адам потащился за ними. Гуськом они подошли к другой каюте, и филиппинец постучал. Адаму это не понравилось. Зачем стучать? Он же просил пустую, отдельную каюту.

В это время дверь распахнулась и в проеме возник огромный лысый мужчина, возмутившийся:

— Я вообще-то думал, что буду жить здесь один. Кого это вы хотите подселить сюда? — он обернулся к Адаму и безапелляционно заявил: — Оставайтесь, конечно, но учтите: я очень громко храплю.

«Просто прелестно, — подумал Адам. — Поездочка начинается шикарно». И мрачно скомандовал филиппинцу:

— Пошли обратно. Здесь я не останусь.

Безропотный филиппинец поволок чемоданы назад.

Директор нимало не удивился, увидев Адама, и даже расплылся в странно-сожалеющей улыбке.

— Ах, видимо, вы рассчитывали получить отдельную каюту?

— Именно так! Разве я неясно высказался в первый раз?

— Вы знаете, вам ужасно повезло. Как раз есть каюта, я могу предложить ее даже со скидкой в десять процентов.

— Это шутка? Я уже заплатил за половину двухместной каюты, а вы мне предлагаете отдать еще денег? Вообще-то, господин директор гостиницы, в гостиницах как раз платят за комнату, а не за количество проживающих.

— Я бы рад помочь вам, но увы. На других условиях не получится. Если передумаете — дайте знать, — вздохнул директор.

— Я остаюсь в своей каюте. Но если сегодняшняя ночь пройдет плохо, я к вам вернусь, — пылко пообещал Адам и ушел, в сердцах хлопнув дверью.

Когда он вернулся к себе, кашляющий старичок куда-то пропал, а кровати были раздвинуты на два самостоятельных ложа. Адам разобрал чемоданы, открыл бутылку вина, достал шоколадку и отметил начало своего путешествия. Оставалось надеяться, что дальше дела пойдут лучше.

После ужина со шведским столом наступило время вечерних развлечений. Для этих целей на пятой палубе располагался огромный зал с баром, сценой, оркестром и танцполом. В глубине находились отделенные друг от друга перегородками «кабинеты» с диванчиками и столиками. Видимо, таким образом организаторы круиза хотели создать иллюзию интимности и уединенности.

Когда Адам поднялся в зал, там уже царил полумрак, но народу было пока немного. Он присел на барный стул и стал смотреть бесплатное шоу, которое ему часто доводилось видеть, бывая на подобных мероприятиях. Люди, входившие в зал, вели себя бурно и шумно, и в попытках найти в полумраке своих знакомых или родных, громко выкрикивали имена, словно потеряли тех на века. А найдя, так радовались, словно и правда были едва ли не на грани отчаяния из-за исчезновения столь дорогих сердцу людей.

Адам, посмеиваясь над этим балаганом, наблюдал, как они сдвигали мебель, чтобы сесть кучнее, как начинались расспросы, восклицания, попытки перекричать громкую музыку. Что происходило на сцене рассмотреть было невозможно, поскольку люди стояли, ходили и сидели, как им взбредет в голову. В шум и гам, столь присущий израильтянам, вливались дополнительным аккомпанементом вопли и крики веселящейся детворы.

Музыканты из оркестра вскоре утомились от столь тяжелой работы и неблагодарной публики и ушли со сцены. Их игру заменила музыка из динамиков. Под мелодии в духе 60-х годов на танцпол выходили пары. Одна, весьма экстравагантная пара, крутилась в танце, потрясая неутомимостью. Но самыми распространенными дуэтами были либо папа, развлекающий маленькую дочь, либо мама в той же компании, либо женский тандем а ля «шерочка с машерочкой».

Насладившись столь «дивным» зрелищем, Адам окончательно махнул рукой на попытки получить удовольствие от первого дня плавания и вернулся в каюту. Сосед снова лежал на своей кровати и тихо сопел во сне. Но слава богу, не храпел. Зачем он вообще покупал этот круиз? Отоспаться-то и дома можно...

Глава 27. Кипр

После восемнадцати часов в море «Голден Айрис» подошел к острову Кипр. Адам, как обычно, проснулся в шесть утра и обнаружил, что вечно спящий сосед тоже встал.

— Шалом! — поздоровался он.

— Привет. А ты говоришь по-английски или по-русски? Я очень плохо знаю иврит.

Сосед помотал головой.

— Ощинь плоха, — и продолжил говорить на иврите.

Но как ни удивительно, даже с примитивным набором слов на английском и иврите, они вскоре начали понимать друг друга. А недостаток слов заменяли жесты. Оказалось, что сосед Адама уже сорок восемь лет живет в Израиле, был танкистом и поучаствовал в трех войнах.

— А почему ты днем спишь? — не удержался Адам.

— Так ночью же казино. Покер, блек-джек, рулетка... Азартные игры люблю!

Старик вытащил из сумки множество упаковок с лекарствами и пояснил Адаму.

— Здоровье не очень. Это вот для сердца, а это — от сахара...

Адам вдруг проникся сочувствием к этому мужичку. Почти полвека в Израиле. Танкист, прошедший три войны. Какое уж тут здоровье. Жив и спасибо. Судя по купленным в дьюти-фри подаркам, разложенным на постели, у него есть семья. А казино — так, маленькая слабость. Кто без них?

Лайнер причалил к порту Лимасол. По программе предлагались на выбор две поездки: подъем на джипах на самую высокую точку Кипра или прогулка и шопинг по острову. Адам выбрал второе, но при этом твердо решил, что обойдется без экскурсий и гидов. Местное обслуживание уже покорило его по самое не могу. Так что, спасибо, уж с прогулкой по острову он как-нибудь сам справится.

Народ высыпал с палубы корабля на пирс и стал рассаживаться по джипам и автобусам. Адам проводил взглядом эту кавалькаду и в гордом одиночестве двинулся к зданию таможни. Он немного опасался, поскольку из документов у него была только круизная карточка, подтверждавшая, что он пассажир «Голден Айрис», и одновременно дававшая право беспрепятственно передвигаться по суше. Впрочем, опасения оказались напрасны: его никто не остановил. На выходе из морвокзала он спросил у кого-то из местных:

— Далеко ли до города?

— Далеко! Вам нужно такси. Ну или на автобусе №30.

На стоянке перед портом оказалось множество свободных такси. Водители собрались в кружок и, бурно жестикулируя, что-то живо обсуждали.

— Ребята, сколько стоит доехать до центра Лимасола?

— Десять евро, — откликнулся один.

— Понятно, спасибо.

Десять туда, десять обратно. Значит, двадцатка за все удовольствие. Надо посмотреть, что там с автобусами. Остановка была буквально в двух шагах. На большом рекламном щите значилась стоимость поездки. В одну сторону — полтора евро, билет на весь день — пять евро. А тут и автобус подъехал. С табличкой «№30». Адам вошел вслед за другими пассажирами.

Мелочи у него не было, только банкнота в пятьдесят евро.

— Туда и обратно! — гордо сказал Адам и протянул деньги водителю.

Тот ошарашенно посмотрел на него. А затем вдруг стал громко ругаться по-гречески и, высунувшись в окно, что-то прокричал таксистам. Один из них подошел, разменял злополучную купюру, и Адам получил сдачу сорок один евро и билет. Адам посмотрел на деньги и билет таким же взглядом, как минутой раньше шофер смотрел на него самого.

— Алло, уважаемый?! Зачем мне это счастье за девять евро? Вон же, написано: пять — и катайся весь день!

Водитель еще поругался по-гречески, но билет поменял и остатки сдачи выдал. Автобус тронулся, и глазам открылся не самый красивый портовый пейзаж: обветшалые, полуразрушенные здания, хаотично сваленные в кучу стройматериалы и мусор. Дорога шла вдоль грязной канавы-речушки. Все вокруг выглядело, словно после землетрясения или жуткого урагана.

Через некоторое время автобус выехал на широкое шоссе, которое опоясывало весь остров. Движение транспорта было правосторонним и непривычным. На редких остановках подсаживались еще пассажиры, но при этом никто не выходил. Адам решил уточнить у одного из них, далеко ли центра Лимасола.

— Лимасол уже остался позади, — удивленно ответил тот. — Мы едем по Уермасойа. Это уже пригород.

— О господи! — возмутился Адам. — Почему же водитель ничего не говорит?

Он с трудом пробился к выходу, проталкиваясь между многочисленными пассажирами, выскочил из автобуса на следующей остановке и побрел в обратном направлении.

Вокруг было много рекламы на русском языке. Он слышал, что россияне очень любят Кипр. Богачи не только скупают тут недвижимость, но и переводят в здешние банки сбережения: этот остров — офшорная зона, здесь можно прятать капиталы и уходить от налогов. Кроме того, лететь сюда недолго, а теплый средиземноморский климат располагает к отдыху. Не очень понятно, как русская диаспора уживается с греками и турками, которые заправляют этим островом. Но как-то умудряются жить дружно, хотя около трети острова занято выходцами из Турции. И несмотря на то, что Кипр является суверенным государством, всегда есть опасность вооруженного столкновения. Видимо, все стараются поддерживать хрупкий мир. Никто не хочет войны.

С этими размышлениями Адам вышел к морскому побережью. И зрелище его не впечатлило. Туристический сезон начнется через неделю-другую, но каменистые пляжи, покрытые галькой, выглядят запущено и убого. Большие соломенные зонтики валяются там и сям, пластиковые лежаки сложены в небрежные стопки. Все производит впечатление крайней бедности.

Адаму вспомнилась Ницца. То же самое море, те же галечные пляжи. Но там это прекрасная Английская набережная, поднятая над уровнем берега. Рестораны и кафе, чередуясь, находятся у самой кромки воды. Все оборудовано так, чтобы ублажить курортников: чистые туалеты, душевые и кабинки для переодевания. На Кипре удобства отсутствовали напрочь.

Он шагал по краю шоссе, пролегавшего вдоль морского берега, и брезгливо поглядывал на неухоженный пляж, когда заметил большую вывеску на русском: «Русь-маркет — сеть вкусного питания». Видимо, для особо одаренных дописали: «Русские Продукты». Адам решил посмотреть, что там за продукты.

Оказалось, что ничего выдающегося. На полках ютились банки с красной икрой и дальневосточными крабами по вполне европейской цене. Различные рыбные консервы, крупы и готовые блюда в вакуумной упаковке дополняли ассортимент. На этом «вкусное питание» заканчивалось. Адам ушел разочарованным. Ему очень хотелось найти какой-нибудь большой магазин или супермаркет с местными продуктами, но попадались только крошечные, которые здесь называли «киосками».

Прошагав еще немного вдоль шоссе, он увидел невдалеке громадное здание в форме эллипса, покрытое строительными лесами. Рекламный щит просто и без затей сообщал, что будущая постройка называется «Овал».

Вся эта однообразная, не радующая прогулка ему порядком поднадоела. Он решил дойти до ближайшей автобусной остановки и вернуться на корабль.

Остановка нашлась, и когда к ней подкатил автобус №30, Адам вошел внутрь и предъявил водителю свой пятиевровый билет. Шофер долго и недоверчиво его разглядывал, а потом вернул обратно.

— Такой билет на моем маршруте не действует. Это автобус №30.

— Так я и купил его в автобусе №30 два часа назад! — возмутился Адам.

— Нет. Это городской автобус в Лимасол. А у меня другая линия.

— Но тот тоже был №30! Я сел на него в порту. Мне нужно вернуться туда.

— Я еду в порт, но это другая линия, — уперся водитель.

— Чертовы греки… — выругался по-русски Адам и устало спросил: — Сколько стоит билет?

Адам заплатил полтора евро и сел на свободное место. Весь народ в автобусе с интересом наблюдал за перебранкой и ждал, чем она кончится. Адам обвел пассажиров взглядом и в сердцах, громко повторил, но уже по-английски:

— Чёртовы бестолковые греки!

Народ безмолвствовал.

Глава 28. Родос

Лайнер швартовался у пирса греческого острова Родос. Когда-то он считался одним из семи чудес света. При входе в бухту суда проплывали между как бы широко раздвинутыми ногами Колосса Родосского, голову которого венчал маяк, указывающий путь мореплавателям. На сегодняшний день от чуда света остались лишь легенды и сувениры.

Согласно круизному распорядку на берег пассажиров должны выпустить после обеда, а вернуться на борт нужно не позже полуночи. Туристам предлагались две экскурсии: дневная, на автобусе по городу, и вечерняя, в родосскую таверну «Голубая лагуна». В этой таверне было обещано шоу под названием «Веселая греческая ночь». Такое Адам пропустить не мог.

В экскурсионном бюро менеджер, прежде чем содрать с него тридцать два евро, рассыпался в комплиментах «Голубой лагуне».

— Вы не представляете, какое удивительное место! Кстати, у греков таверна означает ресторан. Вас ждет колоритная греческая атмосфера, музыка, еда и, конечно, вино. Эту ночь вы не забудете никогда!

— Понятно, хорошо. У вас есть сдача с сорока евро?

— Нет, но я внесу эту сумму на вашу круизную карту. И если они останутся, то в последнюю ночь путешествия сдадите ее и получить деньги назад.

— Что значит — если останутся?..

— Ну знаете… Когда начинается веселье… Ну вы понимаете, — приторно-сладко улыбнулся турагент.

— Ясно. Офсрмляйте, — кивнул Адам.

После обеда путешественников «Голден Айрис» на причале встречали экскурсионные автобусы и гиды. Адам, как и на Кипре, решил, что лучше прогуляться пешком, чем маринсваться в автобусе.

Неподалеку виднелась крепость, защищавшая в прежние времена бухту от вражеских вторжений. В каменной стене на большом расстоянии друг от друга были проделаны арки, через которые свободно проезжал даже транспорт, не говоря уже о пешеходах, снующих туда-сюда.

Адам вошел в одну из них и оказался за крепостными стенами, где бурлила туристическая жизнь. Это был настоящий сувенирно-ресторанный городок. За дверью каждого дома находились кафе или магазинчик. И каждый из этих магазинчиков специализировался в своей области. Одни продавали кожаные вещи. Другие предлагали ювелирные изделия. Третьи — одежду, обувь, аксессуары, косметику, игрушки и так далее. Сотни лавочек!

Все двери были распахнуты настежь, и зазывалы приглашали проходящих туристов посмотреть и оценить их заведение. Они казались полиглотами и говорили сразу на всех языках: греческом, русском, английском, иврите. Сезон только начался, и по их глазам было видно, что продавцы ждали этот корабль с потенциальными покупателями. Для них он был первой ласточкой.

Адам бродил по старинным улицам часа два, прежде чем наткнулся на то, что показалось ему интересным: поделки из оливкового дерева. После небольшого торга он купил несколько штук и, довольный, вернулся на теплоход. Пора было готовиться к «Веселой греческой ночи»!

Глава 29. Таверна «Голубая лагуна»

К половине девятого вечера на второй палубе собрался разодетый в пух и прах народ. который ручейком стекал по трапу на пристань. Там ждал автобус, чтобы доставить отдыхающих к «Голубой лагуне».

В салоне веселая старушка собирала билеты на шоу, а взамен наклеивала на руку бумажные бирки, похожие на те, какие обычно повязывают пациентам в больницах, на случай если они потеряют сознание или память. Тогда их можно будет легко опознать.

— Боитесь, что мы упадем в обморок от восторга? — пошутил Адам.

— Все может случится! — не растерялась бойкая старушка.

Как заметил Адам, контингент подобрался примерно одинаковый: люди в возрасте, достаточно пожившие, но явно настроенные на забубенное веселье. Молодежи не было, если не считать работников круизной компании, которые оказались и гидами, и сопровождающими всех пассажиров на шоу в «Голубой лагуне».

Путь на автобусе был недолгим. Тот почти сразу свернул в одну из крепостных арок и подъехал к каким-то деревянным воротам, явно ведущим во двор. Рядом располагалась американская кофейня «Старбакс», и она была еще открыта. Адам заприметил ее и пожалел, что не встретил днем, бродя по сувенирному городку.

В это время водитель объявил, что автобус заберет пассажиров отсюда же в половине двенадцатого, и что в их интересах не опаздывать, так как «Голден Айрис» отплывает через час после этого. Двери открылись, и все зашагали вслед за бойкой старушкой, которая повела их прямиком к деревянным воротам. Над ними была вывеска «Голубая лагуна». Ага, значит, они на месте.

Ворота вели в глубокую арку, с одной стороны которой стоял длинный холодильный прилавок. Две женщины в резиновых перчатках укладывали на маленькие тарелочки нехитрую снедь: кружочек огурца, кусочек помидора, кусочек брынзы, небольшую булочку и еще насыпали что-то в крошечный кулек, который также клали на тарелку.

Адам заподозрил, что это и есть обещанная традиционная греческая закуска, о которой говорил менеджер, продававший билеты на мероприятие. У Адама зарождалось неприятное предчувствие, что его развели на деньги. Но он решил надеяться на лучшее.

Миновав арку, он вместе с толпой туристов оказался в огромном дворе, стилизованном под ресторан. В дальнем углу сверху низвергал потоки импровизированный водопад. А посреди зала была та самая лагуна — искусственный водоем, подсвеченный голубыми огнями.

По всему двору в живописном беспорядке были разбросаны здоровенные бочки, исполнявшие роль столов. Они же стояли на «втором» этаже двора, обнесенного деревянными стенами. На его террасы и балконы можно было подняться по скрипучим лестницам. А на первом этаже, на нарочито грубо сколоченной дощатой длинной веранде было отведено место музыкантам. Двое из них, наряженные в национальные костюмы, уже вовсю играли на инструментах, внешне напоминавших мандолины, но танцпол перед ними пока пустовал.

Адам выбрал себе бочку со стулом на «берегу» лагуны и стал ждать обещанных хлеба и зрелищ. Он прикинул, что во дворе уместилась немалая часть прибывших с корабля — человек семьдесят сидели за бочками и ерзали от нетерпения, когда их обслужат. Этот процесс грозил затянуться: официантов было всего двое. Они уточняли у гостя, какой напиток он желает, и приносили его вместе с одной из тарелочек, которые Адам видел у входа. На этом греческий сервис заканчивался.

Адам уже не подозревал, а однозначно понял, что все это — обдираловка туристов и обыкновенное жульничество. Причем, наверняка проплаченное туроператором. Кто забредет в этот старый греческий двор с кошмарным обслуживанием и примитивным надувательством в виде тарелочки с куском помидора и огурца? Официант приблизился к столу Адама.

— Что будете пить?

— Красное сухое вино.

Минут через двадцать перед ним наконец появилась несчастная тарелка с закусью и небольшой бокал с красным содержимым. Адам попробовал и попросил унести все это добро. Официант искренне удивился.

— Почему?

— Потому что это — не «традиционная греческая кухня», а бардак. А это — не красное сухое вино, а домашнее и разбавленное водой. Вот почему.

Официант забрал отвергнутое угощение и удалился, сильно возмущенный неблагодарностью посетителя.

Уже стемнело, и стало заметно холодать. Народ согревался крепким алкоголем за отдельную плату и танцами под разудалые мотивы, которые выводили музыканты. На трезвую голову Адама танцевать не тянуло, а пить местное пойло он не пожелал бы, даже если бы ему доплатили за это.

Он поозирался в поисках закрытого помещения, но нашел лишь электрический обогреватель на высокой «ноге» и перебрался поближе к нему. Греческие музыканты выдавали на-гора народные мелодии, переходящие от заунывных к громогласным и зажигательным. Кто-то время от времени бросал сверху на танцующих нарезанные бумажные салфетки. Ими был засыпан весь танцпол. Вероятно, это изображало греческую традицию битья тарелок во время танцев, когда посуда подбрасывается вверх и с грохотом разбивается об пол. Гости, успевшие поднабраться спиртным, отплясывали и выделывали па, изображая танец сиртаки. Остальные вяло хлопали в ладоши и пытались как-то согреться на пронизывающем ветру.

Адам с тоской смотрел на это «незабываемое шоу» и в какой-то момент решил, что с него, пожалуй, хватит греческого колорита. Уж лучше он выпет кофе в «Старбакс». К тому же, там наверняка есть бесплатный вай-фай. Не то, что в этом заведении.

У выхода Адама остановил высокий мужчина, которого он уже заметил раньше — тот по-свойски общался и с персоналом «Голубой лагуны», и с корабельными организаторами поездки.

— Куда вы уходите? — удивленно спросил он.

— В «Старбакс». Хочу выпить хороший, настоящий капучино.

— У нас тоже есть капучино, и уверяю, очень неплохой. Вам у нас не нравится?

— «Не нравится» — это мягко сказано.

— Да? Хм, я хозяин этой таверны. А также председатель группы ресторанов Родоса.

— Ну тогда я скажу, что думаю по поводу вашего заведения. Ресторан оценивают по нескольким категориям: атмосфера, сервис, еда и напитки. Все это у вас — по нулям. Худшее заведение, где мне доводилось бывать. На улице — апрельская ночь, а у вас нет закрытых помещений. Соответственно, дико холодно и неуютно. Всего два официанта на весь ресторан. А сервис? Все сводиться к метанию на стол блюдца с символической закуской и дрянного напитка. Ваше вино, по крайней мере, пить невозможно. Грохот музыки такой, что нельзя поговорить. Ну ладно, я пришел один. Но если компания или парочка? Они же хотят пообщаться. В общем, может, это и есть классическая греческая таверна, но точно — не ресторан. И даже близко не похоже на него. Впрочем, вашу логику можно понять: вы работаете с туристами. Они пришли и ушли, а бизнес делается.

Хозяин заведения замахал руками и разразился ответной тирадой, пытаясь доказать Адаму, что тот даже не смеет думать, не то что говорить такие ужасные вещи. И его таверна — гордость Родоса и один из лучших ресторанов острова.

— Тогда я искренне сочувствую греческому ресторанному бизнесу, — буркнул Адам и вышел прочь.

К сожалению, «Старбакс» был уже закрыт. Адам вернулся к стоянке автобуса, и единственное, что его порадовало — пунктуальность водителя, прибывшего ровно в назначенное время. Адам первым занял свое место, и когда публика из «Голубой лагуны» погрузилась в салон, автобус отправился к причалу.

Адам смотрел в окно и думал, что это, пожалуй, самое неудачное его путешествие. Хорошо, что оно подходило к концу, и скоро он уже будет дома. И в Грецию отныне он больше ни ногой.

Часть пятая

Израиль

(из цикла «Израильские рассказы»)

Старик

В память об Э. Хемингуэе

Он был очень старым. Никто уж и не помнил, сколько ему лет и как его зовут. Некому было помнить... Он пережил всех, с кем когда-то дружил.

Прежде их было четверо — друзей, кто переехал в Израиль из разных уголков Советского Союза в 90-х годах. Все иммигрировали сюда с семьями, детьми. А потом дети разъехались: кто в США, кто в Канаду, а кто и просто в другой израильский город. И лишь изредка они писали в родной дом короткие письма о непростой жизни на чужбине. Они звали стариков-отцов к себе, но те настолько устали от переездов, необходимости привыкать к новым местам да и от возраста, что не хотели срываться и ехать куда бы то ни было. Не было ни малейшего желания начинать жизнь с начала. Дали бы просто спокойно дожить те несколько лет, которые им отпущены.

Если погода располагала, то все четверо собирались на скамейке около дома и ждали появления почтальона. Так уж повелось. Троим из них письма изредка, но приходили. Они радовались весточкам от родных и читали вслух друг другу эти послания. Четвертому старику никто писем не слал. Полученная почта была исключительным событием, а в остальное время, сидя на лавочке, они обычно молчали.

Да и о чем говорить после стольких лет дружбы? Они знали все друг о друге. Даже болячки обсуждать давно стало скучно и неинтересно. У всех, кроме четвертого старика, был типичный набор проблем, связанных с возрастом.

Наш старик тоже был дряхл, но редко ходил по врачам. Возможно, потому и задержался на этом свете дольше товарищей. Они ушли, один за другим. И он, проводив их в последний путь, остался совсем один. Днем смотрел телевизор, а то и просто — в окно. Хотя глядеть там особо было не на что: тихая, спокойная улочка в маленьком городишке, затерянном в горах на севере страны. И хотя народу за последние годы прибавилось, и городок разросся с десяти до пятидесяти тысяч жителей, это никак не сказалось на его существовании. В основном здесь селились русские эмигранты. Поэтому повсюду были русские магазины, русская речь, а телевидение транслировало русские программы. Это было в порядке вещей: многие выходцы из России, прожившие тут не один десяток лет, так и не смогли освоить иврит.

Молодежи почти не было, так как в городке не хватало работы. И отслужив в армии, повзрослевшие дети уезжали туда, где можно трудоустроиться и получать хорошие деньги. Зато было много синагог, которые посещали коренные жители. Бывшие же россияне, равнодушные к любой религии, не ходили в церкви. Впрочем, и к верующим, и к безбожникам отношение было ровное: ни те, ни другие не выпячивали свое мировоззрение, каждый жил своей жизнью, почти не пересекаясь и не требуя особого отношения к себе.

Старик частенько разговаривал сам с собой. И иногда — с Богом, в существовании которого до сих пор сомневался. Хотя в его возрасте даже рьяные атеисты уже начинали верить — на всякий случай. Вопрос, который старик задавал Богу, был простым и всегда одним и тем же:

— Почему Ты забыл про меня? Ты забрал всех, кого я знал. Ну так и меня забери. Пора ведь уже… Пожалуйста, вспомни обо мне!

Старик не жаловался Ему, он лишь просил. Но Бог словно не слышал его. Тогда он совсем перестал ходить к врачам, принимать лекарства и просто ждал смерти. Но и она, казалось, забыла про него.

Иногда он просыпался ночью и лежал с открытыми глазами до самого утра. А потом солнце заглядывало в окно и напоминало, что надо встать и прожить еще один день. Тогда он роптал на Бога: «Ты хоть скажи — за что? Да, я не был святым в этой жизни, что правда, то правда. Но ведь многие грешили больше меня, а ты их давно забрал. А может, Тебя, Господи, просто нет?»

И подумав так, он пугался своих мыслей и просил прощения за святотатство: «Наверное, за это я и наказан. За сомнения в могуществе Твоем».

Он раскаивался, но рано или поздно сомнения приходили вновь.

Жизнь текла медленно, однообразно, серо. Раз в месяц старик выбирался в центр города, в банк — за пособием и пенсией. По заведенному порядку после банка он шел на почту, оплачивал счета за квартиру, электроэнергию и прочее. А остальные деньги распределял на месяц вперед.

Дважды в неделю он выходил из дома: один раз за продуктами в магазин, второй — на рынок. Фермерские торги проводились каждые семь дней, и если прийти к закрытию, ближе к обеду, то можно было купить все необходимое по более низким ценам. Что и понятно: продавцы хотели избавиться от привезенного товара, потому согласны были сбыть его по дешевке.

Овощами и фруктами торговали молодые арабы, а покупателями были в основном пожилые русские. И хотя общались они между собой по большей части жестами, торговля шла бойко. Старик видел, как иногда кто-то из бедных пенсионеров незаметно брал с прилавка луковицу или яблоко. Он их понимал, но сам там не делал. Арабы тоже порой замечали эти «кражи», но закрывали на это глаза. Их интерес был в другом: продать как можно больше по весу. В Израиле принято покупать и продавать все огромными порциями и партиями. И если, к примеру, берешь пучок зелени, то этот «пучок» непременно толщиной с мужскую ногу. Старику столько не съесть и за две недели. И он всегда сопротивлялся, когда араб-продавец подбрасывал на весы еще и еще, якобы «для ровного счету».

Готовил еду старик сам, на два-три дня вперед. И обычно обходился непритязательным меню: жиденький суп да тушеные овощи. Аппетитом он не отличался, но есть было надо. К тому же обидно выбрасывать еду, за которую заплачены деньги.

Подошел день, когда пора было отправляться в магазин, чтобы пополнить запасы провизии. От мяса старик давно уже отказался, и только в день пенсии позволял себе купить немного свежей рыбы. Но нынче до этого момента нужно было еще дожить несколько дней, поэтому сегодняшний поход в магазин был почти с пустым кошельком.

Он хотел купить лишь самое необходимое, чтобы продержаться до получения пособия. Старик пересчитал оставшуюся мелочь, вздохнул и поволочил пустую сумку на колесиках в магазин. Он шаркал по знакомой дороге, размышляя все о том же и разговаривая с Богом: «Вот смотри, денег нет. Удовольствия от жизни нет. Смысла в ней — тоже нет. Зачем я тут нужен? Если Ты есть, то забери меня. Подай хоть знак, что Ты есть! Мне будет легче ждать…»

Но Бог молчал.

Перед магазином стояла кем-то забытая продуктовая тележка, на ручке которой, как принято, был монетоприемник. Кладешь в него монетку в пять шекелей, отстегиваешь тележку от общей цепи и катишь себе к прилавкам. Чтобы получить монету назад, нужно отогнать тележку на «парковку», пристегнуть к цепи однотипных «подруг» и забрать залог.

Эта тележка стояла в одиночестве, покинутая всеми. Старик повертел ее. Монетоприемник был закрыт, что значило: в нем лежат пять шекелей. Старик помахал руками, пытаясь привлечь чье-нибудь внимание. На парковке было несколько машин, но никто не спешил к тележке. «Видимо, человек перегрузил продукты в машину и уехал, забыв про залог. А может, так спешил, что ему не до пяти шекелей было. Всякое случается… — подумал старик. — А вдруг это Господь послал мне знак? Я же просил его об этом! Вот он, знак! Бог знает, что у меня нет денег, и послал пять шекелей! Спасибо, Господи! Прости меня, дурака старого, за неверие… Нет, не забыл Ты меня! Может, скоро пришлешь за мной…»

Старику стало радостно и хорошо. Вновь появился смысл терпеть и ждать. Он, воодушевившись, взял тележку и набрал в магазине продуктов на всю мелочь, которая была в кармане. Рассчитавшись на кассе, он вышел на улицу, переложил нехитрую поклажу в сумку на колесиках и повез тележку к парковке, чтобы прикрепить ее к товаркам и получить заветные пять шекелей. Но там его ждало горькое разочарование: когда монетоприемник открылся, старик увидел в нем две мелкие монетки, достоинством в десять агорот. Они были старые да еще сточенные — так, чтобы подошли к монетоприемнику.

— Почему, Господи? Сначала дал надежду, и я воспрял, стал надеяться, что Ты есть! Зачем же Ты так! Или все-таки Тебя нет? И насмехаешься не Ты, а судьба-чертовка?

Старик, чуть не плача от разочарования и горечи, поволок домой сумку с продуктами. Обратный путь шел в гору. Жарко, пыльно, душно… И очень больно. Старик был обижен и почти оскорблен. Нет, не пять шекелей ему нужно… Вера. Ему нужна вера! А Бог над ним, похоже, смеется…

Вдруг впереди, в придорожной пыли что-то блеснуло. Старик нагнулся и подобрал новенькую, сверкающую монетку. Пять шекелей. Старик смотрел на нее с минуту, а потом поднял глаза к небу, улыбнулся и прошептал:

— Спасибо, Господи, что Ты есть...

Он возвращался домой счастливым. Он не забыт. За ним придут.

Сервис по-израильски

Израиль — удивительная страна! Эдакое сочетание несочетающегося. Евреи и арабы. Религиозность и безбожие. Европа и Ближний Восток. Все смешалось, словно гремучий коктейль.

Евреи ашкеназские и евреи сефардские. Первые — выходцы из Европы, и потому, несмотря ни на что, их мировоззрение пронизано идеей свободы личности и европейской культуры.

Сефарды — потомки евреев, изгнанные в свое время из Испании по указу королевы Изабеллы и короля Арагонского, так и не успели, видимо, пропитаться атмосферой цивилизации. Они расселились в мусульманских странах Ближнего Востока и остались ближе по духу к арабам. Сефарды шумны, крикливы, агрессивны и очень религиозны. Их лидеры стремились к управлению страной и, надо сказать, преуспели в этом.

Адам переехал в Израиль несколько лет назад, и тому немало способствовали фантазии родом из детства. Еще ребенком ему представлялось, что Израиль — это не просто земля обетованная, а удивительное, экзотическое место, которое пленяло его воображение и вызывало желание там побывать. А лучше — пожить.

Действительность оказалась, конечно же, совсем другой. Первые пару лет после переезда Адам много путешествовал по стране. Что-то ему нравилось, что-то не очень. Но было нечто, от чего раздражение перерастало в негодование. Это манера общения израильтян, находящаяся на грани совершенной беспардонности и нахальства. Каждый и в любой ситуации был убежден, что он-то и есть пуп земли. Никто и никогда не обращал внимания на очереди, на желания и заботы других. Чужие интересы не волновали. Все настырно и настойчиво требовали решения собственных проблем, а на остальной мир — наплевать. Неудивительно, что выходцы из СССР, иммигрировавшие в Израиль и приученные родиной к такому жизненному кредо, быстро адаптировались здесь. Адам же, проживший полжизни в Соединенных Штатах, с трудом выносил это. Но за все приходится платить. И терпеливое отношение к хамским манерам стало своеобразной платой за возможность жить в свое удовольствие в Израиле. Ему ничего не оставалось, как смириться и постараться оградить себя от общения с этими людьми.

Он так и сделал, поселившись в тихом городке, где все друг друга знали и отношения были дружелюбными и ровными. Однако минус такого проживания заключался в том, что городок находился на приличном удалении от цивилизации. И скажем, если ты хотел каких-то развлечений, впечатлений или просто — качественного шопинга, то за этими радостями жизни приходилось ехать за тридевять земель.

И вот наступил как раз такой момент, когда у Адама назрела такая необходимость — нужно было купить новый телефон. Он давно «подсел» на продукцию фирмы «Эппл». Еще в России, лет пять назад он приобрел свой первый в жизни айфон, но теперь пришла пора менять его: тот устарел по всем параметрам.

В Израиле существовала компания, называвшая себя официальным представителем «Эппл». По крайней мере в рекламе они гордо отрекомендовались именно так. Центральный офис находился в Тель-Авиве, еще два филиала — в Хайфе и Эйлате. Адам решил съездить в Хайфу, так как этот город был ближе к нему. Но перед этим подумал, что неплохо бы проконсультироваться со знающим человеком. Слава богу, в его окружении был такой специалист. Его звали Саша, и он хорошо разбирался в компьютерах и вообще во всем, связанном с высокими технологиями.

— Саш, я решил прикупить новый айфон. Мой на ладан дышит. Ты в курсе, где в Хайфе находится магазин «Ай Диджитал»?

— Конечно, знаю. А чего тебе приспичило именно у них-то покупать? Ты же часто летаешь за границу. Выгоднее купить смартфон в дьюти-фри.

— У них, как я понял, сейчас рекламная акция проводится на модель «Эс-И». Сдаешь старый аппарат и новый берешь за тысячу шестьсот пятьдесят шекелей. По-моему, отличная скидка, учитывая, что без нее новый айфон стоит две с половиной тысячи. Экономия налицо!

— Что-то уж слишком хорошо, чтобы быть правдой… Адам, ты бы позвонил туда сначала и все выяснил. Больно похоже на рекламную разводку.

— За кого ты меня держишь? Конечно, я так и сделал. Правда, дозвонился только в центральное отделение «Эппл» в Тель-Авиве. Оказывается, в их филиале в

Хайфе нет телефона. Говорят, езжайте, на месте разберетесь. А что до акции, то подтвердили — проводится.

— Странно как-то. У компании, торгующей самыми современными смартфонами, не своего телефонного номера…

— Вот и я подумал — глупость какая-то. Потому и решил с тобой посоветоваться.

— А что тут посоветуешь? Это, друг мой, называется бизнес по-израильски. Они хотят, чтобы ты приехал. А там уж дело продавцов, какую лапшу тебе на уши навешать! Их задача — уговорить тебя купить телефон, пусть бы и совсем по другой цене.

— Но это же развод чистой воды. Заведомо ложная реклама в Штатах, например, является подсудным делом.

— Ага, но мы-то не в Штатах, а тут… В общем, подумай. Как добраться до их офиса я тебе расскажу, это не проблема. Но я бы не потащился в такую даль ради айфона — сомнительное предприятие. Наверняка обман.

Но Адам все-таки решил «потащиться».

Он узнал от Саши, что «Ай Диджитал» располагался в большом торговом центре. В Штатах такие обычно называют «моллами», а в Израиле почему-то «гранд каньонами». Очень может быть, что в честь американского Гранд Каньона. Эти «каньоны» разбросаны по всей стране: многоэтажные, с огромным количеством магазинов, офисов, развлекательных заведений и ресторанных двориков — они всегда полны народа. Когда попадаешь в эти «каньоны», начинает казаться, что люди вообще не работают, а в любое время дня и ночи предаются праздным гуляниям.

На следующий день рано утром Адам сидел в поезде и смотрел на проплывающий за окном пейзаж. Через полчаса он уже был в Хайфе. С одной стороны блестело море, с другой — возвышались горы, будто обсыпанные красивыми белыми домиками. Вид открывался волшебный, но Адаму было не до любований красотами. Он волновался, сможет ли найти магазин, в который даже нельзя позвонить.

На выходе с перрона стояли турникеты. Пассажиры засовывали билеты в зев автомата с одной стороны, а тот пропускал их и выплевывал проштампованный проездной с другой стороны. Все попутчики Адама без проблем миновали турникеты. Но вот Адам автомату почему-то не понравился. Тот мигнул красным цветом и выплюнул билет обратно. Адам попробовал «накормить» его своим билетом еще раз и еще. Результат был тем же. За происходившим наблюдал человек в униформе, и Адам воззвал к нему:

— Любезный! Что с вашей техникой? Почему не работает?

— Покажите-ка ваш проездной… Хм, ну идите так. Я вас пропущу.

— Нет, но почему? — возмущался Адам. — Можете объяснить?

— Слушай, мужик, ты уже прошел! Какие проблемы? — вскинулся дежурный, и Адам решил, что продолжать дискуссию себе дороже.

Теперь надо было найти остановку автобуса, который доставит его в нужный «каньон». Он спрашивал прохожих, и те махали руками и громко кричали, словно Адам был глухонемым и туповатым. Он благодарил за помощь, а про себя думал, что никогда не сможет привыкнуть к этим странным, грубоватым манерам израильтян. Наконец он вышел на Центральную автобусную станцию, отловил человека в форме служащего автовокзала и объяснил, куда ему нужно попасть. Тот пробубнил, что Адаму нужен автобус, который следует маршрутом №104 и уходит с остановки №14... Или наоборот? Адам переспросил, но тот в ответ лишь огрызнулся.

Когда Адам разыскал эту остановку, автобус как раз собирался отъезжать. За рулем сидел хмурый толстый дядька с пышной бородой.

— Гранд Каньон? — спросил Адам.

Хмурый кивнул, забрал горсть мелочи и протянул ему билет. Адам еще раз громко уточнил «Гранд Каньон!» и для пущей убедительности ткнул себя пальцем в грудь.

Тот снова вяло кивнул, и автобус тронулся. Они ехали по подвесному шоссе, затем дорога пошла в гору и стала углубляться в ущелье. И вдруг слева Адам увидел большой торговый центр с английскими буквами на фронтоне: «Гранд Каньон»! Вот ведь! Он рванул к двери, боясь пропустить остановку, и поругался на водителя, который сидел с прежней философской миной, и было непохоже, что он собирался раскрыть рот и сообщить, какая будет следующая остановка. Адам выскочил из автобуса, и тот, чихнув облачком дыма, укатил.

Только теперь Адам понял, что стоял на окраине шоссе, по которому в обе стороны неслись машины. «Гранд Каньон» находился через дорогу. И как прикажете оказаться на той стороне? Перехода не видно. Но как-то народ туда попадает?

Адам, повертев головой, заметил стайку людей, спускающихся вниз, словно по лестнице. Похоже, там был «подземный лаз». Подойдя ближе, он увидел женщину, сидящую на стуле у лестницы, которая действительно вела под землю.

— Гранд Каньон? — задал он дежурный вопрос дня.

Женщина тут же оживилась и обрушила на Адама информационную волну, из которой Адам ничего не уловил. Но гражданка указывала вниз и убедительно махала руками. Ну ладно. Вниз так вниз.

Адам спустился по ступенькам и оказался на большой парковке. Он прогулялся по гаражу туда-сюда пару раз, обошёл его вдоль и поперёк, но кроме въезда и выезда для машин ничего не нашёл. Люди, приезжавшие на автомобилях, ставили из здесь и… шли к лестнице, по которой спустился Адам.

Что за мышеловка? Выход-то где?

Он вернулся женщине на стуле, и та опять обрушила на него поток красноречия, явно предлагая снова спуститься вниз.

— Да был я там! Это гараж! А мне нужно в «Гранд Каньон». Понимаете?

И тут появилось спасение в лице молоденькой русской мамочки с малышом в коляске. Она проходила мимо и случайно услышала мольбу Адама о помощи, обращенную явно не к тому, кто мог помочь.

— Мужчина, так вы к переходу ступайте. Он там, подальше, за поворотом шоссе.

Адам рассыпался в благодарностях и поспешил в указанном направлении. Вскоре действительно появился светофор, и он наконец-то пересек злополучную магистраль.

На входе в «Гранд Каньон» стояла привычная и неизбежная для Израиля охрана. Все покупатели и посетители обязательно проходили досмотр, а вещи и сумки проверялись с помощью металлоискателя. Адам благополучно миновал блокпост, поднялся на третий этаж и — о, чудо! — увидел вывеску «Ай Диджитал».

Большое светлое помещение магазина было заполнено стойками с прибамбасами от «Эппл». Весь ассортимент технических чудес и новинок — только выбирай!

У одного из стендов сотрудница взахлеб рассказывала даме средних лет о достоинствах какого-то телефона. Адам сразу понял — это надолго. И продавщица, и покупательница принадлежали к породе женщин, которым лишь бы почесать языками, уж неважно, о чем. Такие всегда удивительным образом находят предмет для общения.

В глубине магазина за прилавком сидел еще один сотрудник. Он казался щуплым и хрупким по сравнению с клиентом, который навис над ним и ужасно громко ругался. Больше в магазине никого не было.

Адам подошел к дальнему прилавку и решил подождать, пока «Голиаф» прокричится и уйдет. Но тот, судя по всему, только начал свое выступление, и его голос походил на далекие громовые раскаты. Похоже, гроза только начиналась, и это были ее предвестники. Вскоре же должно было последовать метание молний.

И точно, «Голиаф» возбужденно ходил взад-вперед, а потом стал кидался к витринам, пугая оробевшего парнишку за прилавком и размахивая огромными ручищами. Его мышцы и мускулы могли поспорить со шварценнегеровскими. Ноги-тумбы выглядели нелепо, торча из-под коротких летних брюк. Тонкая майка подчеркивала могучий торс и здоровенные плечи. А черная курчавая борода и серьга в ухе делали облик гиганта совсем уж по-киношному диким и гротескным.

Пока могучий бодибилдер орал на кого-то в свой мобильный, Адам стоял в нерешительности. Худенький паренек-продавец — тоже. Они переглянулись. И казалось, оба понимали: надо что-то делать, но что? Говорить с разбушевавшейся гориллой никому не хотелось. Непохоже, что кто-то из них сможет достучаться до этой горы мышц.

Наконец Адаму все это надоело. Он решительно подошел к сотруднице и прервал ее увлекательную трескотню со второй дамочкой вопросом:

— У вас есть еще консультанты? Я уже двадцать минут жду, когда кто-то освободится!

Та недоуменно поморгала, а потом спешно ретировалась. И вскоре вернулась из подсобки, приведя еще одного сотрудника. Адам с облегчением выдохнул.

— Слава богу. Здравствуйте. Вы говорите по-английски или по-русски?

— Я говорю на обоих языках.

— Отлично, значит, вас-то я и ждал! — и Адам рассказал ему, зачем пожаловал.

Мужчина внимательно выслушал и подтвердил:

— Да, у нас проводится рекламная акция, но сперва я должен посмотреть на ваш айфон.

— Пожалуйста, вот он! Целый и невредимый. Просто я хочу поменять его на новую модель.

— Я могу дать за ваш телефон сто тридцать пять шекелей.

— Не понял? Я что, должен купить новый «Эс-И» за две с половиной тысячи, а вы просто вычтете из этой суммы сто тридцать пять шекелей?

— Совершенно верно. Ваш аппарат очень старый. Он не стоит больше.

— А может, мне купить новый айфон и обменять этот новый на другой новый?! Это же бред сивой кобылы! До вас не дозвониться, и я лично приперся из другого города — ради чего? Чтобы услышать, мол, это такой маркетинговый ход? На кого он рассчитан? На умственно отсталых?

— Стационарного телефона у нас действительно нет. Но вы же не могли рассчитывать, что мы купим ваше старье за восемьсот пятьдесят шекелей?

— Вы даете фальшивую рекламу и ложную информацию! Я подам на вас в суд, — пообещал Адам.

— Да пожалуйста, подавайте, — пожал плечами тот. — Если располагаете временем и деньгами — судитесь, на здоровье.

Адам понял, что битва проиграна. Хотелось испепелить взглядом наглого продавца и его коллегу-пустомелю, которая по-прежнему коротала рабочий день за болтовней. Хилый паренек исчез из-за стойки, и лишь «Голиаф» продолжал рвать и метать. Он громогласно и разъяренно взывал к кому-то в телефонную трубу, время от времени рыча в сторону сотрудников «Ай Диджитал». И теперь Адам был полностью на его стороне. Но понятно, что ни он, ни громила в летней майке не победят хамство и наглость, живущие в этой стране. Ничего не попишешь: вот такой он, сервис по-израильски.

www.ingramcontent.com/pod-product-compliance
Lightning Source LLC
Chambersburg PA
CBHW052026070526
44584CB00016B/1921